남성이 알아야 할 우울증에 대한 8가지

게리 H. 러브조이 지음

한길환 옮김

하나님의 사람을 만들어 가는 엘맨 ELMAN

남성이 알아야 할
우울증에 대한 8가지

초판1쇄   2022년 8월 20일

지은이   게리 H. 러브조이
옮긴이   한길환
펴낸이   이규종
펴낸곳   엘맨출판사
등록번호   제13-1562호(1985.10.29.)
등록된곳   서울시 마포구 토정로 222
            한국출판콘텐츠센터 422-3
전화   (02) 323-4060, 6401-7004
팩스   (02) 323-6416
이메일   elman1985@hanmail.net
            www.elman.kr

ISBN   ISBN 978-89-5515-028-5 03230

값 12,000 원

Eight Things
Every Man Should Know
ABOUT DEPRESSION

목차

옮긴이의 글

우리는 하루가 다르게 변하는 복잡 다변화되는 사회에서 살고 있다. 인간과 인간 사이에 소통이 갈수록 어려워지고 황금 만능주의와 성공주의가 팽배해지면서 사람 내면의 가치 추구는 설 자리를 잃어 가고 있다. 이에 우울증은 나날이 증가하고 있다. 또한 노령화가 빠르게 진행되고 있는 우리나라에서 노인 우울증 환자가 지속적으로 증가하고 있다. 그러나 우울증을 앓고 있는 많은 사람들이 적절한 치료를 받지 않고 자살로 생을 마감하는 충격적인 경우를 너무나 많이 본다.

수십 년 동안 러브조이(Dr. Lovejoy) 박사는 사역 지도자, 부부, 개인 상담을 한 상담사였다. 다른 사람들이 우울증을 관리하도록 돕기 위해 하나님의 말씀을 적용하는 그의 오랜 경험은 수많은 사람들의 삶을 변화시켰다. 그는 이 책 8개의 장에서 우울증의 특성, 원인 및 증상을 이해하기 쉽게 설명하고 성경을 참고하여 30년 이상의 상담 경험과 입증된 전략을 설명한다. 이를 통해서 남성이 우울증 회복에서 직면하는 일반적인 장벽을 극복하는 데 도움이 되는 열쇠와 통찰력을 제공한다. 당신이나 사랑하는 사람이 심각한 우울증을 겪고 있다고 생각하든, 우울증의 초기 징후를 경험하고 있다고 생각하든, 모든 남성이 우울증에 대해 알아야 할 8가지의 간단한 설명과 실제 단계를 통해 하나님께서 의도하신 자유를 향한 하나님의 길을 걷게 될 것이다.

당신이 우울증으로 고통받고 있거나 우울증을 겪고 있는 누군가를 알고 있다면 이 책은 우울증에 대한 하나님의 목적과 우울증을 다루고 극복하는 지혜를 발견하는 데 도움이 될 것이다. 당신이 혼자가 아니라는 것을 깨닫고 하나님의 말씀에서 우울증을 극복할 수 있는 소망을 찾을 수 있다는 확신으로 평안을 경험하기를 진심으로 기원한다.

충남 홍성 생명의 강가 작은 서재실에서

한길환 목사

1부

우울증의 목적, 형태, 선입견

1장

우울증의 의미

"남성들이 알아야 할 첫 번째는
우울증은 어떤 특정한 문제들이
당신에게 계속 손상(損傷)을 끼치지 않도록
주의를 기울여야 한다는 것을 알려주는 경보 신호이다."

　42세의 한 보험 판매원은 "이곳에 온 것이 화가 나요." 하지만 내 아내는 내가 거절하면 아이들을 데리고 떠나겠다고 말했어요." 존(John)이 보기에 그의 삶은 통제 불능이었다. 모든 것이 엉망이 되어가고 있었고 그는 그것을 멈출 수가 없었다. 그는 그의 직업을 싫어했고 그의 상사를 혐오했다.

더욱이 그는 결코 그의 아내를 기쁘게 할 수 없었다. 그의 아이들은 그들의 엄마에게 원하는 것을 얻기 위해 "그의 주위를 맴돌았다."고 말했다. "아무도 날 존중하지 않아요. 그들이 하는 모든 것은 날 이용하는 게 전부예요. 나는 내 아내에게는 월급이고, 내 아이들에게는 현금 자동 출입기며, 내 상사에게는 희생양이예요. 나는 이젠 지긋지긋해요."

그는 여전히 그의 아내를 사랑했지만, 그녀가 이런저런 일로 항상 그에게 불만을 품고 있다는 것이 그를 화나게 했다. 그는 아이들이 자신을 등진 것에 대해 그녀에게 분개했다. 그는 결손 가정 집안 출신이었고, 그는 자기 가족을 잃고 싶지 않았다.

친구가 거의 없었고 감정을 공유할 수 있는 사람이 아무도 없다는 것이 그에게는 도움이 되지 않았다. 그저 동네 술집에서 술집 지배인에게 불평하는 것이 그가 할 수 있는 일이었다. 그는 상담하러 오는 것이 실패를 인정하는 것이며, 어쩌면 그의 시간을 낭비하는 것이라고 생각했다.

내가 그가 완전히 우울증을 앓고 있다고 말하자, 그의 눈이 휘둥그래졌다. 그는 자신이 화가 났다는 것을 알았지만 자신이 우울증을 앓고 있다고 생각하지는 않았다고 항변했다. 내가 우울증의 특징을 설명했을 때, 그는 자신이 그 특성과 맞는다고 인정했다. 그는 우울증이 감정적으로 너무 약해서 스트레스를 감당할 수 없는 수동적인 금단 증상이라고 생각했다.

유용한 경보 신호로서의 우울증

우리가 우울증이라는 용어를 사용할 때 당신이 우울한 기분을 느끼는 하루 또는 하루가 조금 넘는 기간 동안, 즉 정상적이지만 일시적인 우울한 상태를 의미하는 것이 아니다. 사람의 감정 상태는 자연적으로 변화하며, 비교적 경미하고 짧은 정상적인 기복이 있다. 반면에 우울증은 당신의 인생관을 근본적으로 바꾸는 지속적이고 격양된 부정적인 감정 경험이다.

우울증의 특징에는 적어도 12가지가 있는데, 여기에는 다음이 포함된다.

1 - 공허함과 절망의 격한 감정

2 - 무가치함과 자기혐오의 감정

3 - 불안과 동요

4 - 즐거움을 제공하던 거의 모든 활동에 대한 관심 상실

5 - 만성 피로 또는 기진맥진

6 - 다양한 신체 통증 및 고통

7 - 식욕의 상실, 또는 반대 - 통제 불능의 섭식

8 - 잠들거나 계속적인 수면을 취하지 못하는 문제(불면증), 때로는 너무 많이 자는 문제(과다수면)

9 - 과하거나 부적절한 죄책감, 대부분 거짓 죄책감

10 - 조급함, 분노, 짜증 및/또는 좌절감 증가

11 - 당면한 일에 집중 및 초점을 맞추는데 어려워 종종 무력한 우유부단함을 유발함

12 - 자살에 대한 생각 및 죽음에 대한 반복적인 생각

이제 당신의 우울증이 얼마나 심각한지 생각해 보자. 여기 우울증의 세 가지 범주가 있다. 당신은 어디에 들어맞는가?

주요 우울증 에피소드

당신은 13페이지에 기술된 증상 중 적어도 4개 이상을 경험하고 있으며, 당신은 정상적인 활동과 책임을 수행할 수 없게 되었다.

기분 저하증, 또는 지속적인 우울 장애

당신의 증상은 더 경미하다. 당신은 불행하더라도 여전히 삶에서 기능을 할 수 있다. 그리고 당신은 적어도 2년 동안 이러한 증상으로 고생하고 있다.

정상적인 우울증

당신의 증상은 훨씬 경미하다. 예를 들어, 당신에게 중요한 사람을 잃는 경우와 같이 갑작스럽고 예상치 못한 상실의 결과이다. 이러한 유형의 우울증은 슬픔의 과정의 자연스러운 부분이며 적절히 슬픈 일이 끝나면 점차 사라질 것이다.

정상적인 우울증의 경우와 달리 대개 우울증은 삶에서 감정적으로 잘못된 것이 있고 마음과 정신의 치유가 필요하다는 신호이다. 우울증은 어린 시절부터 오랫동안 지속되어 온 문제를 나타낼 수도 있다.

 사실 우울증은 먼 과거 또는 최근에 당신을 손상시켰고 현재에도 여전히 당신에게 손상을 줄 가능성이 있는 무언가에 주의를 기울여야 한다고 알려주는 정서적 경보 신호이다. 비록 경험하는 것이 두려운 일이지만, 우울증은 모든 경보 신호의 진정한 목적인 추가 손상으로부터 당신을 보호하도록 설계되었다.

 우리가 "우울증은 육체적 자아와 마찬가지로 심리적인 자아에게도 있다"고 말하고 싶은 것은 이런 맥락에서다. 통증이 당신의 신체에 문제가 있음을 당신에게 경고하여 필요한 경우 치료조치를 할 수 있도록 하는 것처럼, 우울증은 당신에게 치료가 필요한 감정적인 상처를 경고한다. 우울증은 다음과 같은 이유로 정서적으로 파괴적이다. 심한 불편함이 당신의 주의를 끌기 때문에 당신이 필요한 도움을 받을 수 있다. 이런 식으로, 우울증은 보호 기능이 있고 당신의 적이 아니라 당신의 협력자이다.

우울증은 모든 경보 신호의 진정한 목적인 추가 손상으로부터 당신을 보호하도록 설계되었다.

하나님은 우리가 손상으로부터 치유되기를 원하신다. 우리는 우울증 같은 중요한 경보 신호를 부끄러워할 필요가 없다. 오히려 우울증을 개입과 변화에 대한 분명한 요청으로 보는 것이 훨씬 더 낫다. 이는 우리를 보다 풍요롭고 만족스러운 삶에 필요한 정서적 치유로 이끌기 때문이다.

우울증은 당신이 거의 통제할 수 없었던 사건들에 의해 당신에게 가해진 감정적 손상을 회복하는 데 주의를 기울인다. 우울증은 이러한 사건으로 시작된 잘못된 혼자 말을 해결하게 할 수 있으며, 당신이 그것을 바꿀 때까지 계속 파괴적일 것이다. 당신은 당신이 스스로에게 하는 거짓말만큼이나 그것을 대신해야 할 진실을 인식하지 못할 가능성이 크다.

혼자라는 느낌

당신이 외로움을 느껴도 당신이 생각하는 것보다 더 많은 동반자가 있다. 우울증은 미국에서만 거의 2천만 명의 사람들에게 영향을 미치며 전 세계적으로 장애의 주요 원인 중 하나이다. 게다가 우울증은 누구에게나 올 수 있다. 우울증은 정신적 고통을 준다.

- 부자와 가난한 사람
- 교육받은 사람과 교육받지 않은 사람
- 사무직과 생산직
- 젊은이와 노인
- 외톨이와 사회 활동을 하는 사람
- 모든 인종 집단
- 그리스도인과 비그리스도인

일생 동안, 대부분의 사람들은 그들 자신이나 그들이 사랑하는 사람들에게서 우울증으로 어려움을 겪는 것을 경험할 것이다. 당신도 알다시피, 정말로 당신 혼자만 그런 것이 아니다. 우울증을 겪고 있는 수많은 사람들이 단지 그것을 드러내는 것을 부끄러워할 뿐이다. 이것은 그들의 믿음이 충분히 강하다면 그들이 결코 우울증의 희생양이 되지 않을 것이라고 잘못 믿고 있는 그리스도인들의 경우 특히 그렇다. 하

지만 우리는 성경에서 매우 다른 실상을 얻는다. 하나님의
충실한 많은 종들이 우울증, 심지어 자살 우울증도 겪었다.
그들은 그들의 투쟁에 대해 책망을 받은 것이 아니라, 오히
려 새로운 관점으로 사랑의 조언을 받았고, 새롭게 하라는
지시를 받았거나, 단순히 하나님의 자비로우신 신실하심을
상기시킴을 받았다.

상황	성경
모세는 불평하는 이스라엘 백성을 돌보아야 하는 부담으로 억눌렸다.	민 11장
엘리야는 이세벨이 자신의 생명을 위협한 후 낙담했다.	왕상 19장
다윗은 적의 공격에 절망했고, 그리고 나서 세계에서 가장 좋아하는 위로의 시편 중 하나를 썼다.	시 22-23
노쇠하고 쇠약해진 시편기자는 하나님의 위로가 필요했고, 하나님의 힘과 의로우심을 찬양했다.	시 71편
요나는 하나님이 니느웨 사람들을 멸망시키지 않으시기로 결정하신 것에 마음이 상했다.	욘 4장
바울은 자신의 삶에 대해 큰 절망과 걱정을 느꼈다.	고후 1장

다른 생각과 행동

여전히 우울증 자체가 하나님에 대한 불신의 증거인 것처럼 우울한 것에 대해 죄책감을 느끼는 사람들이 있다. 또는 그들은 우울증이 죄에 대한 형벌이거나 그 자체가 죄라고 믿는다. 죄악이란 옳은 일을 하지 않거나 하나님의 뜻을 거역하는 것을 의미한다. 우울증이 죄의 결과라고 해도 우리의 우울증은 하나님의 용서가 그분의 평화를 경험하는 방법임을 우리에게 일깨워준다.

죄는 우리의 신앙이 얼마나 강한지를 반영하는 것이 아니라는 것은 분명하다. "선을 행하고 전혀 죄를 범하지 아니하는 의인은 세상에 없다"(전 7:20). 의로운 사람이라도 죄에서 완전히 벗어날 수는 없다. 그것은 우리의 죄의 본성의 자연스러운 결과이다. 하나님 자신은 우리가 완벽한 삶을 살기를 기대하지 않으신다. 하나님은 단지 우리의 불완전함에도 불구하고 우리에게 온 마음과 생각을 다해 그분을 따르라고 요청하신다.

"여호와여 내가 깊은 곳에서 주께 부르짖었나이다. 주여 내 소리를 들으시며 나의 부르짖는 소리에 귀를 기울이소서. 여호와여 주께서 죄악을 지켜보실진대 주여 누가 서리이까? 그러나 사유하심이 주께 있음은 주를 경외하게 하심이니이다. 나 곧 내 영혼은 여호와를 기다리며 나는 주의 말씀을 바라는도다. 파수꾼이 아침을 기다림보다 내 영혼이 주를 더 기다리나니 참으로 파수꾼이 아침을 기다림보다 더하도다. 이스라엘아 여호와를 바랄지어다. 여호와께서는 인자하심과 풍성한 속량이 있음이라. 그가 이스라엘을 그의 모든 죄악에서 속량하시리로다."

–시 130편

의로운 행동으로 잘 알려진 선지자 이사야도 하나님의 흠잡을 데 없는 의(義) 앞에서 "입술이 부정한 사람"이라고 선언하며 엎드려 부르짖었다(사 6:5).

우울증으로 촉발된 그리스도인의 수치심은 하나님이 이미 그분의 은혜로 다루셨던 숨겨진 완벽주의의 표시다.

타락한 세상에서의 삶

우리 자신의 죄 외에도, 우리는 우리에게 죄를 짓는 다른 사람들을 상대해야 한다. 하나님의 완전한 세상이 아담과 하와의 죄로 더럽혀졌을 때, 하나님은 자연적인 결과가 인간의 고통이 될 것을 알고 계셨다. 한 목회자가 "당신이 만지면 피가 조금도 나지 않는 인간의 마음은 없다"고 말했다. 고통은 우리 모두에게 공통적인 일이다.

우울증의 감정적 방아쇠는 하나님이 우리의 마음과 정신에 심어주신 경보 시스템으로, 죄 많은 세상에서 삶이 초래한 피해를 바로잡아야 한다고 말씀하신다.

그러나 하나님의 사랑은 우리 삶의 모든 순간에 나타난다. 그분은 그리스도의 죽으심과 부활하심을 통해 우리의 영원한 구속을 위한 계획을 마련해 주셨다. 그리고 우울증의 감정적인 방아쇠는 하나님이 우리의 마음과 생각 속에 심어주신 경보 시스템으로, 죄 많은 세상에서의 삶으로 인한 피해를 고쳐야 한다고 말씀하신다.

그것 또한 삶의 여정이다

하나님은 우리의 영원한 운명과 그것에 이르는 세상 여정에 관심이 있으시다. 이것은 하나님이 이스라엘 백성을 대하신 일에서 증거된다. 그들을 위한 그분의 계획은 그들이 가나안 땅("젖과 꿀이 흐르는 땅", 출애굽기 3:8)에 정착하게 하시는 것이었다. 그러나 이 행복한 결말은 광야에서 사십 년 동안 방황하다가 순종하지 않는 세대가 세상을 떠난 후에야 이루어졌다(민수기 14장). 그 모든 것을 통해 하나님은 그들이 하나님께 아무리 멀어져도 그들을 돌보시는 일을 그치지 않으셨다는 것을 알 수 있다.

목적이 있으신 하나님, 그분은 좋은 경험이든 나쁜 경험이든 결코 허점이 없으시다. 이 동일하신 하나님은 우리가 우리의 고통 중에 부르짖으며 우리를 버렸다고 그분을 비난할 때에도 우리를 돌보시려는 동일한 열망으로 당신과 나를 끊임없이 돌보신다.

밀접한 관계

우리가 심리적으로 어떻게 구성되어 있는지 살펴보면, 우리는 사랑과 그 보답으로 사랑받는 인간관계로 연결되어 있음을 알 수 있다. 그래서 하나님은 관계를 그분의 구속 계획의 중심적인 특징으로 삼으셨다.

성경 전체를 몇 마디로 요약하면, 하나님은 우리 각자에게 "너는 나에게 중요하다"고 말씀하고 계신다. 이것은 하나님 자신의 마음의 반영이다. 성경의 다른 모든 것은 단순히 이 점을 입증한다. 십자가에서의 그분의 죽으심과 그분의 뒤이은 부활하심은 우리가 하나님께 중요하다는 모든 필연적인 증거를 제공한다.

하나님은 우리를 창조하셨기 때문에 우리가 말하고 행동하는 모든 것 이면에 누군가, 즉 누구에게나 중요하게 여겨지는 기본적인 욕구가 있다는 것을 알고 계신다. 우리 솔직히 말하자, 우리가 이룬 대부분의 성과는 인정받고자 하는 이러한 갈망을 반영한다. 이것이 우리의 일과 경력에서 좌절을 그토록 중요하게 만드는 이유이다. 적절하다는 느낌은 우리가 다른 사람들에게 중요하거나 중요하려는 욕구를 성공적으로 충족할 때만 나타난다.

남성들은 배우자, 자녀, 친구, 상사에게 중요하다고 느껴지지 않을 때 처음에는 화를 내고 방어적이지만, 시간이 지나면서 필연적으로 우울증에 빠지게 된다. 그들의 삶에 대한 어떤 목적이나 그들이 하는 일에 대한 어떤 의미도 볼 수 없다면, 그들은 완전히 부적절하다고 느낀다. 종종 그들은 스스로 "너는 너의 문제를 남자답게 받아들이고 혼자 힘으로 빠져나와야 한다."고 생각한다. 꿋꿋한 접근 방식이 최선의 정책처럼 들릴 수도 있지만, 이것은 일반적으로 당신이 필요로 하는 도움을 거부하는 것이다.

적절하다는 느낌은 우리가 문제에 대한 욕구를 또는 다른 사람들에게 중요하게 되려는 것을 성공적으로 충족할 때만 나타난다.

당신이 우울할 때는 아무것도 이해가 안 된다. 당신은 다른 사람들을 잔인하고 거부하는 사람으로 보고 결국 좌절감에 빠져 뒤로 물러나거나 부딪치는 배우자들까지도 그렇게 본다. 많은 경우에, 당신의 삶은 끊임없는 감정적 고통의 자기 충족적(말한 대로 성취되는) 예언으로 가득 차 있다.

외부 관찰자에게 당신은 다른 사람들을 멀리하기 위해 고의적으로 보이게 하는 방식으로 행동하고, 그리도 나서 당신은 아무도 신경 쓰지 않는 것 같아 한탄할 수 있다. 그러나 관찰자는 우리가 다른 사람에게 중요하거나 중요하려는 욕구를 성공적으로 충족할 때만 적절성이 나타나지 않는다. 그러나 공격적인 표면의 밑바닥에 깔린 고통을 보라. 그들이 보는 것은 비판적인 정신과 무서운 붕괴뿐이다. 그래서 그들은 도망칠 준비가 되어있다. 그러나 당신이 우울할 때, 그것은 또 한 번의 배신, 또 한 번의 버림받은 경험을 하게 되는 것이다.

그러나 이러한 끊임없는 희생에서 벗어날 수 있는 방법이 있다. 그러나 그것은 사건에 대한 평소의 생각에서 한발 물러서서 완전히 다른 사고방식을 고려하는 것을 의미한다. 당신이 얻는 피할 수 없는 결론은 밝혀진 바에 따르면 당신이 생각하는 만큼 피할 수 없는 것이 아니다.

당신이 과거에 했던 것과는 다른 생각을 하고 행동하면 예기치 않은 치유로 당신을 놀라게 할 수 있다. 그래서 당신은 결국 당신의 삶에 대한 하나님의 계획에 대한 낙관주의를 포기할 필요가 없다. 우울증의 부름에 귀를 기울이면 삶과 연결되는 다양한 방법, 우울한 존재를 새롭고 더 희망적인 존재로 교환하는 방법을 발견하게 될 것이다.

2장

우울증의 각각 다른 측면

"남성들이 알아야 할 두 번째는
우울증의 표출은 감정적인 연관성에 의해 결정되는
5가지 뚜렷한 행동 유형으로 분류된다."

　신체적 고통의 유형이 다양한 것처럼 우울증에도 다양한 패턴의 증상이 있다. 이러한 패턴 중 일부는 종종 인식되지 않는다. 게다가 대부분의 사람들은 우울증 패턴이 성별에 민감한 경향이 있다는 사실을 모르고 있다. 즉, 남성은 특정 패턴을 더 자주 나타내고 여성은 다른 패턴을 더 자주 나타낸다. 이러한 증상을 내부적으로 구성하는 방법을 이해하려면 먼저 감정적 연관성을 만드는 방식을 이해해야 한다.

당신은 누군가를 처음 만났는데 그 사람과 대화를 나누면서 그 사람에 대해 정말 부정적인 감정을 느끼기 시작했는데 당신은 그 이유를 모르는가? 그 이유는 일반적으로 당신이 이야기하고 있는 사람이 당신에게 나쁜 경험을 한 사람을 생각나게 하기 때문이다. 그것은 옷을 입거나, 몸짓을 하거나, 일어서거나, 표정을 짓거나, 다른 (본인은 의식하지 못하는) 버릇을 사용하는 방식에 문제가 있을 수 있다. 핵심은 그 사람이 나타내는 일부 특성 또는 특성 집단이 당신에게 부정적인 감정적 연관성을 유발한다는 것이다.

이것은 실제 기억을 유발하지 않고 발생할 수 있다. 사실상, 당신은 실제 기억과 별개로 감정적으로 충전된 느낌을 경험하고 있다. 그래서 그것은 당신이 왜 그렇게 느끼는지 어리둥절하게 만든다.

유아기부터 우리는 감정을 사람이나 상황의 특성과 연관시키는 법을 배운다.

몇 가지 실례

● 언어적 및/또는 신체적 학대를 가하는 아버지를 둔 남성은 권위 있는 인물을 싫어하게 되며 때로는 법 때문에 곤경에 처하기도 한다.

● 축제 동안 그의 고향 집이 성난 갈등으로 가득 찬 한 남성은 축제 기간 동안 다른 모든 사람들에게 겁을 먹고 우울해진다.

● 한 젊은 여성의 어머니와 아버지는 저녁 식탁에서 거친 말다툼, 심지어 몸싸움까지 벌이며 아이들에게 자리에 앉아 있으라고 요구했다. 결과는? 그녀는 음식을 자신이 자라온 치명적인 환경과 연관시키면서 심한 거식증을 갖게 되었다.

그러한 해로운 연관성의 오랜 역사 후에, 사람들은 보통 추가 손상으로부터 자신을 보호하기 위해 그들 주위에 감정적인 벽을 세운다. 불행하게도, 이 벽들은 또한 그들의 세계를 변화시킬 수 있는 구원하는 경험을 차단한다.

시간이 지남에 따라 통증의 병력이 있는 사람들은 앞에서 설명한 일부 우울 증상이 나타난다. 그리고 그들은 그들의 삶의 경험을 정의한 특정한 감정적 연관성에 따라 그렇게 한다. 그것이 바로 사람마다 나타나는 증상의 배열에 다른 패턴이 있는 이유이다.

우울증의 5가지 유형

우울증에는 무력감, 공허감, 낮은 자존감과 같은 공통적인 특징이 있다. 아래 점검 사항 대조표에 설명된 5가지 일반적인 유형에 속하는 추가 특성이 있다. 각 특성을 읽으면서 당신에게 해당되는지 판단를 내려라. 이 목록은 우울증의 어떤 유형 또는 형태들이 당신을 가장 잘 설명하는지 식별하는 데 도움이 될 수 있다.

유형 #1: 내향적인 우울증

● 종종 삶에 대한 냉담한 무관심이 특징이며, 그들에 대해

일종의 체념적인 특성을 가지고 있다.

● 가능한 한 사람들을 피하고 혼자 있는 것을 선호한다.

● 대화를 거부하고 혼자 방으로 은둔할 가능성이 높다.

● 자신의 삶에서 부정적인 모든 것을 되새기려고 한다.

● TV 앞에서 식물을 기르거나 몇 시간 동안 비디오 게임을 하는 것과 같이 반복적이고 정신적으로 분리된 혼자의 활동에 참여한다.

● 다른 가족들에게 그들의 방을 발끝으로 살금살금 지나가라, 조용하라, 혼자 내버려 두라 등을 말함으로써 그들에게 거리를 두도록 가르친다.

"서로 돌아보아 사랑과 선행을 격려하며 모이기를 폐하는 어떤 사람들의 습관과 같이 하지 말고 오직 권하여 그 날이 가까움을 볼수록 더욱 그리하자."

–히 10:24–25

유명한 기독교 가수 마이클 카드(Michael Card)는 의사인 그의 아버지를 운둔형 우울증 환자로 묘사했다. 그의 아버지에 대한 가장 가슴 아픈 기억 중 하나는 손과 무릎을 꿇고 가족 굴로 통하는 닫힌 문 아래의 작은 공간을 통해 그와 이야기함으로써 그를 개입시키는 것이었다. 슬프게도 그의 아버지는 어린 아들에게 떠나고 혼자 내버려 두라고 말하는 것 외에는 거의 반응을 보이지 않았다. 이러한 유형의 행동은 우울증으로 쉽게 인식된다. 대부분의 사람들이 우울증과 연관 짓는 증상의 종합 상태이다.

유형 #2: 분노 우울증

● 일반적으로 다른 사람에 대해 짜증을 내고 화를 낸다.

● 특히 누군가에게 분노를 터트린 후, 그들 자신에게 직접 분노를 표출한다.

● 그들의 대화를 깊은 비관론으로 채워서, 삶의 사건을 암울하고 파멸로 묘사한다.

● 그들의 집(때로는 직장)을 지뢰밭처럼 만들고 모두가 다음 폭발을 기다리게 만든다.

● 함께 살기가 어렵다.

● 한 순간 분노에서 충동적으로 휘청거리며 다음 순간 후회하거나 자기 질책을 한다.

● 다른 사람들이 자신의 삶을 어렵게 만들고 있다고 믿고 자신의 문제에 대해 끊임없이 다른 사람이나 상황을 탓한다.

● 행복한 사건을 가혹한 경험으로 바꾸는 방법을 강구한다.

● 거의 즐거워하지 않는다.

● 그들의 가족이 주변에서 그들의 생활을 정리할 수 있는 환경을 조성하고, 그들을 화나게 하지 않기를 바란다.

● 부정적인 사건들이 얼마나 그들을 우울하게 만드는지 알지 못한 채, 모든 부정적인 사건들에 초점을 맞춘 뉴스나 토크쇼를 보거나 듣는다.

아이러니하게도 이런 사람들은 우울증이 아니라 분노 문제가 있는 것으로 간주 되는 경우가 많다. 물론 실제로 그렇다. 실제로 분노 관리 프로그램에 등록한 많은 사람들이 심각한 우울증에 시달리고 있다. 습관적인 분노 표현은 더 깊은 절망감을 효과적으로 덮을 수 있다.

나는 이 특성에 딱 맞는 사람을 기억한다. 그의 아내는 그를 두려워하여 거리를 유지했다. 그의 아들들은 그를 멸시했고 그와 규칙적으로 싸웠다. 그가 불평하거나 화를 내지 않는 날은 거의 없었다.

그러나 그는 가족의 대우와 삶이 얼마나 큰 실망인지에 대해 절망적으로 말했다. 그는 왜 그렇게 많은 일이 잘못되었는지 반복해서 질문했다. 어떤 면에서 그는 포기하고 싶었다. 그러나 삶에 대한 그의 우울한 전망이 종종 그 소망을 방해했지만 그는 상황이 나아지리라는 소망에 매달렸다.

유형 #3: 신체 증상 우울증

● 일반적으로 시간이 지남에 따라 변하거나 바뀔 수 있는 특정 신체적 증상 또는 다른 증상에 집중하는 강박적인 신체 문제가 있다.

● 한 의사로부터 다른 의사로 옮겨 다니며, 그들이 쇠약하게 하는 질병으로 고통받고 있다는 확인을 구한다.

● 그들은 삶의 책임에 참여하지 않고 그들의 무기력함, 나쁜 감정, 아픔, 고통이 그들의 건강에 대한 드라마를 만드는 핑계를 제공한다고 확신한다.

● 그들의 우울증을 그들의 몸을 통해 표현한다. 종종 심기증이라고 불린다.

● 끊임없이, 심지어 필사적으로, 어떤 종류의 개인적인 의미를 찾고 있다.

● 그들의 근본적인 불안과 우울증에 대해 논의하기보다

신체적 불만에 대해 이야기하고 싶어한다.

◉ 종종 심각한 손실이나 심한 스트레스를 받은 사건의 이력이 있다.

얼마 전에 나는 만성 피로 증후군을 앓고 있다고 주장하는 매우 우울한 여성을 치료했다. 그녀는 모든 결정을 내릴 뿐만 아니라 모든 쇼핑과 집안일을 하는 매우 통제력이 강한 남편과 함께 살았다. 그는 그의 아내가 이런 일을 자기 마음에 들도록 할 것이라고 믿지 않았다. 그 결과 그녀는 너무 아파서 아무것도 할 수 없다고 말하면서 그녀의 침대로 물러났다.

> "사람이 성내는 것이 하나님의 의를 이루지 못함이라."
>
> —약 1:20

어느 날 그녀는 기적적인 회복을 주장하며 내 사무실로 활기차게 들어왔다. 분명히 그녀의 남편은 몸이 많이 아파 평소 하던 일을 할 수 없었다. 본질적으로, 그들의 결혼 생활에서 그들은 동시에 두 명의 건강한 사람을 가질 수 없었다. 남편이 아프면서 마침내 그녀는 자유롭게 일어나 하루를 보낼 수 있었다. 이것은 신체 우울증의 좋은 예이다. 그것은 실제로 그녀의 결혼 생활은 갈등을 피하기 위해 한 명만 역할을 하는 배우자를 두기로 하는 그들의 암묵적인 합의가 고의로 파괴되었다는 것을 그녀에게 경고를 하고 있었다.

유형 #4: 의존성 우울증

● 극심한 불안, 특히 관계 불안에 압도된다.

● 다른 사람에게 그들의 친구가 되어 달라고 끊임없이 호소한다.

● 한 위기에서 다른 위기로 질주한다.

● 무력감에 분개하고 삶이 자신의 능력이나 자원과 일치하지 않는다고 믿는다.

● 사람들을 찾아 끊임없이 도움을 요청한다.

● 감정적으로 다른 사람들을 고갈시키고 도와주려는 사람들을 피로감과 거짓 죄책감의 악순환에 빠뜨릴 것이다.

● 공포에 사로잡혀 도와주려는 사람들이 그 관계에서 물러나면 그들이 포기했다고 비난한다.

유형 #5: 불안한 우울증

● 무엇인가에 대해 끊임없이 걱정한다. 일반적으로 최악의 시나리오를 상상한다.

● 극도의 긴장과 두려움에 맞서 싸우고, 지나치게 경계하지 않으면 재앙적인 일이 일어날 것이라고 믿는다.

"하나님이 우리에게 주신 것은 두려워하는 마음이 아니요 오직 능력과 사랑과 절제하는 마음이니."

–딤후 1:7

● 일반화된 불안 또는 실제 불안 발작이 있어 심장 두근

거림, 과도한 땀 흘림, 얕은 호흡 및 임박한 파멸의 느낌
을 경험한다.

● 종종 그들이 불안 발작을 일으킬 때 심장마비를 일으킨
다고 확신하면서 응급실에 가게 된다.

● 배우자 또는 친구에게 끔찍하거나 큰 재앙적인 일이 일
어나지 않을 것이라는 확신을 지속적으로 구한다.

● 그들을 진정시키기 위해 고안된 약[Xanax-재낵스(신
경 안정제)같은]을 많이 사용하는 경향이 있다.

● 공공연하게 걱정을 많이 하고 과잉보호하는 경향이 있
는 부모가 있었을 것이다.

공통의 맥락

불안은 많은 우울증의 강력한 구성요소이다. 사실, 불안
은 종종 우울증에 선행(先行)한다. 그것은 삶의 도전에 대처

하는 것에 대한 기본적인 불안감을 반영하는 신호이다. 그것은 정신적으로나 육체적으로 상처를 입을 까봐 두려워서 발생한다.

사람들은 자신이 중요하지 않다고 느낄 때, 즉 자신이 생각하고 느끼거나 믿는 것이 무효화되거나 중요하지 않은 것으로 무시될 때 특히 상처를 받는다. 불안은 상처받는 것에 대한 두려움일 수 있지만 분노는 실제로 상처를 입는 데 대한 가장 일반적인 반응이다. 우리의 상처를 공개적으로 인정하는 것은 우리를 취약하게 만들기 때문에, 대신 우리는 스스로를 보호하기 위해 공격을 감행한다.

불안한 우울증은 그들이 위험하다고 생각하는 것은 무엇이든지 그들 스스로를 보호하고 경계를 늦추지 않는다. 우울증은 종종 모든 잠재적인 해를 피하기 위해 필사적으로 노력할 때 발생한다. 나쁜 일이 일어나면 재앙으로 여겨진다. 이것은 기대할 것이 별로 남지 않았다.

"그러나 주께 피하는 모든 사람은 다 기뻐하며 주의 보호로 말미암아 영원히 기뻐 외치고 주의 이름을 사랑하는 자들은 주를 즐거워하리이다."

성별 차이

이러한 다양한 우울증 유형은 성별에 따라 차이가 있다. 일부 유형에서는 남성이 우세하고 다른 일부에서는 여성이 우세하다. 임상 경험에 따르면 남성은 내향적이고 분노 우울증을 나타낼 가능성이 더 높으며, 신체증상 우울증은 남녀가 거의 같다.

통계에 따르면 여성이 남성보다 우울증을 호소하는 경우가 두 배 정도 많다. 그리고 여성보다 남성이 4배 더 많이 자살하는 반면(대부분 총과 같은 더 치명적인 수단을 사용하는 경향이 있기 때문) 자살을 시도하는 여성은 2배 더 많다. 그러나 통계는 오해의 소지가 있다. 결국 남성이 여성보다 우울증에 걸릴 가능성이 적다면 왜 그렇게 많은 남성이 자살하는가(연간 거의 26,000명)?

성별 및 방법에 따른 자살

방법에 따른 자살(미국)

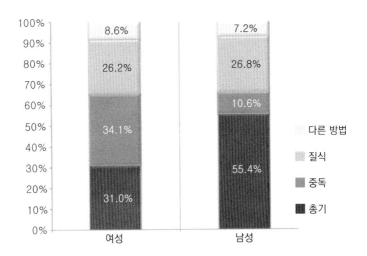

성별 편향을 바로잡기 위해, 최근의 연구들은 우울증으로 고생하는 남성과 여성의 수가 아마도 동일할 것이라고 시사한다. 단지 남성들은 여성들만큼 자주 자신의 증상을 의사에게 드러내지 않는다는 것이다. 남성들은 연약하지 않고 정서적으로 취약하지 않은 경쟁적이고 성공적인 사람으로부터 그들의 정체성을 형성한다. 이것은 다른 사람들과 부정적이거나 슬픈 감정에 대해 이야기하는 능력을 방해한다.

상위 두 번째

위에서 언급한 바와 같이 이 다섯 가지 유형 중 남성은 두 가지 유형, 즉 내향적인 우울증과 분노 우울증이 우세하다. 그들은 자신이 속으로 느끼는 진정한 감정에 대해 이야기할 가능성이 적기 때문에 심지어 좋은 친구들에게도 자신이 느끼는 것을 분노로 위장하거나 완전히 숨길 가능성이 있다.

당신은 남성들이 대화에서 너무 사적인 것을 피하는 경우 이러한 경향을 볼 수 있다. 한 무리의 남성들과 한 무리의 여성들이 함께 이야기하는 것을 관찰하면 차이점이 눈에 띈다.

● 남성들은 일반적으로 스포츠의 최신 뉴스, 비즈니스 문제 또는 정치에 대해 이야기한다. 이 모든 것은 자기 공개가 거의 필요하지 않은 정서적으로 안전한 주제이다.

● 반면에, 여성들은 가족 문제, 자녀들과의 관계, 또는 그들의 근본적인 감정을 자유롭게 드러내는 가장 신경 쓰이는 다양한 사건들에 대해 이야기할 가능성이 더 높다.

하나는 상대적으로 비인격적인 반면, 다른 하나는 종종 성격상 매우 개인적이다.

개인 격리

결혼 생활에서 여성들은 친밀감과 동반자 관계를 찾는 경향이 있어 정서적으로 가까운 안전을 암시한다. 이와는 대조적으로 남성들은 더 많은 타당성을 수반하는 존경과 신체적인 연관성을 찾는다. 부부가 나를 만나러 올 때, 아내는 그녀가 일반적으로 외롭고 사랑받지 못한다고 말하는 반면, 남편은 결코 그녀를 기쁘게 할 수 없다고 몹시 불평한다. 그에겐 비난이 잦은 반면 관계에 기여한 그의 공로는 인정받지 못하는 것처럼 보인다.

이러한 반응은 우울한 감정이 표현되는 방식이 다르기 때문이다. 우울한 남성들은 알코올과 다른 통제된 물질을 남용할 가능성이 더 높기 때문에, 그들은 비난을 피하기 위해 이런 것들을 혼자 하는 것을 선호한다. 일반적으로 그들의 배우자로부터의 이러한 비난은 그들이 더 은밀하고 발각되는 것을 경계하게 하여 더 많은 자기 안으로의 침잠(沈潛-겉으로 드러나지 아니하게 깊숙이 숨음)을 초래한다.

또한, 남성들은 실직 중이거나 실패자처럼 느껴질 때, 또는 만년에 은퇴할 때 고립될 수 있다. 많은 남성들은 은퇴를 삶의 목적을 잃거나 중요성과 성취감을 잃는 것이라고 느낀다. 쓸모없다고 느끼는 감정은 남성이 결코 느끼고 싶지 않은 것이다.

남성들은 여성들보다 고립된 우울증에서 약간 더 자주 발견되지만 분노 우울증에서는 훨씬 더 많이 포함된다. 공격적인 행동에 대한 그들의 성별 편견은 자연스럽게 그들을 더 불안해 하는 우울증의 더 나은 후보자로 만든다.

초기부터 사회화 과정은 여자 아이들과 다르게 남자 아이들에게 영향을 미친다. 여자 아이들은 화를 다스리고, 좀 더 겸손하거나 차분한 방식으로 행동하고(즉, 더 여성스러워지기 위해), 말을 하도록 훈련받는다. 반면에 남자아이들은 분노와 공격성을 더 노골적으로 표현하도록 훈련받는다.

> "너희 염려를 다 주께 맡기라 이는 그가 너희를 돌보심이라."
>
> –벧전 5:7

그러한 사회화는 분노의 공격적인 표현이 더 남성적이라는 것을 가르친다. 비슷한 방식으로, 여자 아이들은 그들의 분노를 표출하는 것이 여성스럽지 않다는 메시지를 받는다. 연구에서 확인된 바와 같이, 남성들은 분노에 제한을 덜 두는 반면, 여성들은 분노를 비생산적이라고 생각할 가능성이 더 크다. 그러나 두 경우 모두 분노와 우울증은 행복한 삶에 대한 전망에 대해 심한 비관을 낳는다. 이러한 비관은 그들의 대화를 포화상태로 만들고 그들의 행동을 유도한다. 권력과 통제 문제는 종종 남성들의 관심사가 되기 때문에, 그들은 종종 짜증, 다툼, 그리고 훈련되지 않은 분노를 통해 나쁜 감정을 표출하는 경우가 많다. 그들의 좌절하고 비난하는 태도(자책 포함)는 그들의 아내와 친구들을 더 멀리 밀어내는 폭발로 이어진다. 그 결과 더 고립된다.

남성들의 자살률이 그만큼 높다는 것은 놀라운 일이 아니다. 이것은 또한 남성들이 일반적으로 여성들만큼 이혼 후 감정적으로 잘 지내지 못하는 또 다른 이유이기도 하다. 온갖 그들의 허세에도 불구하고 남성들은 독립 여성들과 마찬가지로 결혼 생활의 파경에 적응하지 못한다.

이혼 후 2년

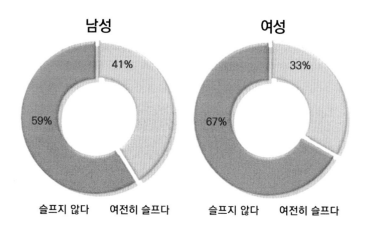

마찬가지로, 죽음으로 아내를 잃은 남성들은 종종 길을 잃고 혼자라는 느낌을 피하기 위해 더 빨리 재혼한다.

그들은 새로운 관계에 대한 많은 위험 신호가 있는 경우에도 이 조치를 취할 것이다.

아래는 우울한 행동과 절망에 대처하는 방법에서 남성들과 여성들의 기본적인 차이점에 대한 요약 도표이다.

우울증 표현의 성별 차이 요약

남성들은 다음과 같은 가능성이 높다	여성들은 다음과 같은 가능성이 높다
다른 사람을 비난하고, 화를 내며, 동요하는 행동을 보인다.	죄책감을 많이 보이고, 무가치함을 느끼고 극도로 슬퍼하며 자주 운다.
움츠러들거나 허세 부리는 모습 뒤에 그들의 우울함을 숨긴다.	그들의 절망과 좌절을 공개적으로 표현한다.
무력감과 통제력 부족, 부적절함의 문제를 느낀다.	불안정의 문제와 함께 외로움과 불안의 감정을 표현한다.
갈등과 대립을 유발하며, 종종 매우 방어적이고 불신감을 느낀다.	갈등과 대립을 피하고 종종 다른 사람들을 지나치게 위로한다.

약물 남용, TV, 스포츠, 강박관념 또는 혼외정사를 통해 대처한다.	친구, 음식 또는 낭만적인 책과 영화에 자신을 쏟아부어 대처한다.
배우자와 자녀를 등한시하거나 스트레스 요인으로 여기며 자신만의 세계에서 살아간다.	다른 사람들과 의존적인 관계를 발전시키거나 건강 문제에 주의를 집중한다.
많은 비관과 조바심이 있다.	많은 불안과 혼란이 있다.
도움을 구하는 것을 저항하고 그것을 약점을 인정하는 것으로 간주한다.	그들의 고통에서 벗어나기를 바라는 마음으로 더 빨리 도움을 구한다.
혼자 있는 것에 대한 두려움을 가라앉히기 위해 빨리 재혼함으로써 배우자의 상실(이혼 또는 사망으로 인한)을 처리한다.	자립적인 생활을 위해 더 발전된 생활 기술을 사용하여 배우자의 상실에 대처한다.

남성들이여, 현실을 직시하자. 우리는 일반적으로 생각만큼 강하지 않다. 특히 감정적인 힘이 가혹한 현실에 적응하는 능력으로 규정되는 경우에는 더욱 그렇다. 이제 우리는 슬픔과 나쁜 감정을 처리하는 다른 생산적인 방법을 찾아야 할 때이다. 공정하게 말하자면, 여성들은 또한 그들의 경험을 그들의 삶에서 남성들의 경험과 성공적으로 통합하기 위한 지침이 필요하다. 남성들과 여성들이 어떻게 다르게 연결

되어 있는지를 이해하면 그들이 우울증에 대처하는 방식의
격차를 해소하는 데 도움이 될 수 있다.

3장

남성들이 우울증이
남자답지 않다고 생각할 때

"남성들이 알아야 할 세 번째는
대부분의 남성들은
그들의 절망을 감추기 위해 강인한 모습을 보인다."

짐(Jim)은 최근 감원으로 인해 실직했다. 그는 자신의 회사에서 20년 동안 일해 왔는데, 이것은 엄청난 충격을 주었다. 2주 후, 그의 아내는 그의 과음과 폭언을 이유로 이혼을 요구했다. 그는 처음으로 자살에 대해 생각했다. 그러나 (적어도 지금은) 자녀의 삶에 더 이상의 피해를 입히지 않기 위해 자살할 생각을 버렸다. 그럼에도 불구하고 그는 자신의 삶이 완전히 부정적인 방향으로 흘러가는 것에 대해 우울해했다. 그는 그의 어머니가 그렇게 하라고 강력히 권했기 때문에 상담을 받으러 왔다.

상담 중에 그는 그가 최근의 사건이 암시하는 것보다 훨씬 더 오랫동안 우울증에 걸려있었다는 것을 곧 깨달았다. 모든 것이 한 번에 무너졌을 때, 그는 그것을 처리할 자원도 정서적 체력도 없었다. 그래도 그는 도움을 받는 것이 진정한 실패의 신호라고 생각하여 도움을 받는 것을 거부했다. 그러나 어머니의 부탁으로 상담을 받으러 가는 것은 받아들일 만한 이유였다. 처음으로 그는 자신이 내면에서 느끼는 끔찍한 고통에 대해 이야기하는 것을 허락했다.

오해의 문제

이 깊은 고민에 빠진 남성은 종종 우울증으로 인식되지 않는 형태를 보여준다. 많은 사람들은 그를 상황에 대처하기 위해 고군분투하는 사람으로 보는 대신 마침내 정당한 상응한 벌을 받는 불량배의 행동으로 해석할 것이다. 그들은 그가 철들고 책임감이 더 강해질 필요가 있다고 생각할 가능성이 높다. 그들은 그의 음주 문제에 초점을 맞추고 그를 알코올 중독자 방지회에 회부하거나, 그의 성급함에 대해 걱정하고 그를 분노 관리 집단에 회부할 수도 있다. 하지만 그들은 종종 우울증이 무엇인지 인식하지 못한다.

행동을 우울증이 아닌 다른 것으로 잘못 해석하면 사람들이 적시에 치료를 받는 것을 지연시키거나 방해할 수 있는 불행한 실수를 저지른다. 이것은 일반적인 문제이다. 우울한 남성은 문제를 완화시키는 것이 아니라 문제를 악화시키는 증상을 보일 가능성이 더 크다. 여기에는 다음과 같은 동작이 포함된다.

● 장기간 또는 폭발적인 분노

● 자폭 강박현상, 음주, 도박, 약물 남용, 과소비 등

● 일반적인 짜증과 좌절 – 나쁜 행동으로 다른 사람들을 밀어낸다.

● 위협 - 자기 의견을 높이 평가했음에도 불구하고 반대 의견에 대한 관용을 거의 보이지 않음

● 경솔한 위험 감수 - 자동차나 오토바이 경주, 곡예 스카이다이빙 또는 아드레날린(Adrenalin-흥분·공포·분노 등의 감정을 느낄 때 분비되는 호르몬-역주)에 흠뻑 젖어 있는 공격적인 활동에 참여

● 분노의 질주-다른 운전자들에게 큰소리를 지르거나 욕설을 퍼붓고 난폭하게 운전한다.

● 감정적으로 불안전한 장소 만들기 - 자녀와 배우자에게 소리를 지르거나 무시하는 것과 같은 행동을 한다.

● 일 중독 - 일에 끝없이 몰두하고 다른 모든 것을 무시한다.

● 정신이 멍해질 만큼의 도피 - TV 시청, 컴퓨터 게임 등

● 하나님에 대한 회피 - 교회와 관계를 끊거나, 하나님에

대한 그들의 믿음이 약해지거나, 아마도 그들을 구원하지 않으신 것에 대해 하나님께 분노를 느낀다.

어떤 사람들은 우울증을 자기에 대한 분노가 내면으로 향하는 것이라고 설명한다. 그러나 남성들은 배우자, 직장 동료, 친구 또는 지인에게 분노가 향할수록 우울증을 더 많이 보일 수 있다.

우울한 남성들은 문제를 완화시키는 것이 아니라 문제를 악화시키는 증상을 보일 가능성이 더 크다.

그러나 그들의 허세는 자기혐오와 자기 모욕을 위한 겉치레일 뿐이다. 그들은 속으로는 절망적이고 가치가 없다고 느낄지 모르지만, 심지어 그들 자신에게도 그것을 숨긴다. 예를 들어, 그들은 중요한 감정을 되찾기 위해 불륜과 같은 성적 도피에 빠져들 수도 있다.

그들의 탈출구가 무엇이든 간에, 공통적인 주제는 그들이 과거에 소중히 여겼던 모든 것을 거부하는 것이다. 그들의 행동의 결과가 마침내 가슴에 와 닿았을 때, 그들은 그들의 삶이 전보다 더 나빠졌다는 것을 발견한다. 때로는 자살 충동으로 이어지기도 한다.

그들은 종종 부정(否定)하기 때문에 남성들은 자신이 실제로 우울하다는 것을 깨닫지 못한다. 그들은 다른 무모하고 파괴적인 행동으로 우울한 감정을 숨기느라 너무 바쁘다. 이러한 부정(否定)을 부추기는 것은 우울증이 개인적인 나약함의 표시이거나 우울증이 주로 여성의 문제라는 믿음이다.

최소 저항의 길

남성들은 자신의 무가치함과 자기 혐오감을 인정하기보다 자신의 어려움을 신체적 문제나 다른 사람의 탓으로 돌리는 것이 더 쉽다는 것을 알게 된다. 과음을 하거나 위험한 운전을 하거나 이른 아침에 일을 하는 것은 무감각의 통증을 이끌어 낼 수 있지만, 행동 이면에 있는 절망에 대한 더 깊은 질문에 직면하는 것을 피하는 데 도움이 된다.

금욕적이고 강인한 태도는 한동안 남성들을 그들의 진정

한 문제에서 벗어나게 할 수도 있지만, 그것은 오직 여기까지만 갈 수 있다. 결국, 부정성(否定性-그렇지 아니하거나 옳지 아니하다고 반대하는 특성이나 성질-역주)의 순전한 무게는 다른 사람들(그리고 그들 자신)로 하여금 그들의 행동을 다른 것으로 돌리게 만든다. 어느 쪽이든, 그들은 방향을 잃었다. 그렇기 때문에 그들은 자신의 삶에 대한 하나님의 목적에 의문을 품을 가능성이 있다.

다윗 왕이 그랬던 것처럼 그들의 영적인 삶이 멈춘 상태에서 그들은 하나님의 임재의 피난처에서 위안을 찾을 수 없다(시 9:9-10). 선택에 의해, 그들은 스스로 삶과 승부가 결정날 때까지 싸운다. 하나님은 감정적, 영적 내구력을 잃어버린 그분의 자녀들이 그들의 탈출구를 찾을 수 있도록 다시 참여 시키기를 열망하신다. 이스라엘이 그들의 죄악의 광야에서 방황하던 가장 암울한 날에도 하나님은 그들을 그분께로 돌아오게 하시려는 그분의 열망을 선포하셨다(사 30:18-21).

여성들이 외로움에 대해 불평할 수도 있지만, 실제로 남성들은 가장 외로운 사람들이라는 것이 밝혀졌다. 그렇다, 그들은 아는 사람들이 많을지 모르지만 어려운 시기에 위안을 얻을 수 있는 사람은 거의 없다. 그들은 여성들이 일반적으로 가지고 있는 깊은 개인적인 관계를 발전시키는 데 시간을 들이는 일이 거의 없다. 친밀감은 그들의 것이 아니기 때문에, 그들은 다른 사람들로부터 공감의 부족을 겪을 운명이다.

남성들에게는 소위 친구가 있다고 해도, 그 관계는 보통 스포츠, 사업, 또는 그러한 활동에 초점이 맞춰져 있다. 그들은 통찰력 있는 질문을 거의 하지 않는데, 왜냐하면 그러한 질문은 너무 개인적인 것으로 여기기 때문이다. 다른 남성에게 자신의 내면의 감정을 공유해 달라고 요청하는 남성은 남성적인 것으로 간주되지 않는다.

폭발하는 분노나 침울한 철수는 정직한 마음을 위한 빈약한 대체물을 만든다.

분명히, 이러한 고려는 그들이 우울하고 사랑의 조언이 필요할 때 그들에게 충분히 도움이 되지 않는다.

남성들은 자기 자신에게만 의지해야 하고, 다른 사람의 보살핌과 조언에 자신들이 복종하는 것은 어쩐지 약하다고 믿는다. 이 생각은 그들이 초기에 자신의 우울증을 인식하는 것을 훨씬 더 어렵게 만든다. 그 대신, 우울하지 않아야 한다고 스스로에게 말하는 것은 오진될 가능성이 있는 행동으로 이어진다.

폭발하는 분노나 침울한 철수는 비록 경험이 그들에게 우는 것은 선택 사항이 아니라고 가르쳤음에도 정직한 눈물을 대신하게 한다. 상한 영혼이라는 불쾌한 현실에 직면하는 것보다 남성들은 심리적으로 견딜 수 있는 습관(예: 약물 또는 알코올 남용 등)이나 신체적 불만(예: 통증이나 고통 또는 소화 장애)으로 우울증을 위장하기가 더 쉽다.

그들은 중독을 가장하거나 심기증(Hypochondriasis-침울증)을 나타내는 것이 아니다. 그들은 진정한 문제가 무엇인지 알지 못하기 때문에 진정으로 곤경에 처해 있다. 그들은 경험을 우울증이라고 부르지 않을 수도 있지만 여전히 뭔가 잘못되었다는 것을 이해한다. 확실히, 그들은 고통이 사라지기를 원한다. 불행히도, 그들이 나아가는 방식은 그들이

필요한 도움을 구하는 데 장애물을 극복하는 것을 훨씬 더
어렵게 만든다.

2부

우울증의 불시의 공격

4장

우울증이 의학적 상태를 동반할 때

"남성이 알아야 할 네 번째 사항은
외상성 부상, 만성 질환 또는 장애를 일으키는
질병은 남성에게 매우 부정적인
감정적 영향을 미칠 수 있다."

쉰여섯 살의 존(John)은 괴로워하는 아내 마거릿(Margaret)과 상담에 들어가기 8개월 전에 심장마비를 겪었다. 그는 심장마비가 상당히 심해서 그가 스스로 힘을 가하면 약해지고 숨이 가빠질 정도였다. 그의 아내는 그가 과거보다 훨씬 덜 애정과 관심을 보이지 않고 자신을 멀리하고 있다고 느꼈다.

그녀는 그가 더 이상 그녀를 사랑하지 않고 그녀를 떠날까봐 두려웠다. 그녀는 자신이 어떻게 그를 소외시켰는지 이해할 수 없었다. 존(John)은 자신이 다르게 느끼지 않는다고 주장했고 그들은 나이가 들어가고 있을 뿐이며 뜨겁고 격렬한 로맨스에 대한 그녀의 기대는 현실적이지 않다고 말했다. 그는 그녀에게 그냥 좀 쉬라고 말했다. 그는 아무데도 가지 않았다.

존(John)은 그의 심장 상태가 그에게 가한 한계로 인해 감정적으로 황폐해진 것이 분명해졌다. 그는 항상 매우 활동적이었고 종종 지역 체육관에서 농구를 했다. 이제 그는 새롭고 병약한 몸에 갇힌 기분이었다. 그는 자신이 원하는 모든 것을 할 수 있을 때의 자신의 젊음을 은밀히 그리워했다. 한마디로 그는 매우 우울했다. 불행히도, 마거릿(Margaret)은 그의 무기력함과 일반적인 무관심을 그녀에 대한 불만으로 잘못 해석하여 30년간의 결혼 생활이 무너지는 것을 두려워하게 만들었다.

그녀는 일단 무슨 일이 일어나고 있는지 이해한 후, 안도감을 느끼면서 그를 곁에서 도와 주기로 결심했다. 그의 우울증이 풀리기 시작하자 그들의 관계는 좋아지기 시작했다. 존(John)은 자신의 신체적 한계가 활동적이고 목적이 있는 삶을 영위하는 새로운 방법을 가져왔다는 것을 발견했다. 감정의 장벽이 제거되자, 그는 자신의 힘이 결국 그렇게 제한적이지 않다는 것을 알게 되었다. 그것은 그의 심장병 전문의가 그에게 반복해서 말해왔던 것이다.

가족을 포함하여 많은 사람들은 맹백히 보여주는 질병 중에 경험한 일부 증상이 실제로 우울증의 결과라는 사실을 인식하지 못한다. 물론 우리는 만성 질환을 앓고 있는 사람들이 임상적으로 우울증을 앓는 경우가 매우 흔하다는 것을 알고 있다. 우울증은 질병의 더 두드러진 증상 아래 쉽게 숨길 수 있기 때문에 환자의 감정 상태는 감지되지 않고 치료되지 않을 수 있다. 이것은 특히 감정적 삶에 덜 개방적인 경향이 있는 남성들에게 해당된다.

남성들의 신체적 지향적인 시각 때문에 만성 질환이나 심각한 부상은 남성의 정신적 복지에 큰 영향을 미칠 수 있다. 체육관에서 픽업 농구를 하는 프로 운동 선수와 평범한 남성 모두 장애가 있는 부상이나 이동성을 제한하는 질병으로 황폐화 될 수 있다.

우울증은 질병에 대처하는 장기적인 스트레스나 질병의 제한적인 결과로 인해 나타날 수 있다. 이것을 미리 아는 것은 부상, 사고, 또는 쇠약하게 하는 질병이 닥쳤을 때 그들(그리고 가족 구성원)이 정신 건강을 위해 적절한 도움을 받을 수 있도록 더 잘 준비할 수 있다.

연구에 따르면 만성 질환 환자의 3분의 1이 우울증 환자라고 한다. 위에서 언급한 바와 같이, 이것은 세 가지의 결과이다.

1. 질병으로 그들에게 부과된 제한

2. 그들이 한때 즐겼던 활동을 할 수 없는 것을 포함하여 삶의 질 저하

3. 미래에 대한 낙관론의 상실

적어도 부분적으로, 질병의 중증도는 종종 우울증의 중증도를 결정한다.

아이러니하게도 우울증 자체는 질병의 진행 과정에 부정적인 영향을 미칠 수 있다. 예를 들어, 우울증은 관상동맥 심장 질환의 위험을 상당히 복잡하게 만들고 그 결과를 가속화할 수 있다. 남성들은 자신이 할 수 있는 일의 한계가 변했음을 깨달으면 종종 절망에 빠진다. 그들은 육체적 자유와 젊음의 상실을 슬퍼한다.

아마도 처음으로 그들은 건강에 대해 걱정해야 한다. 그들은 그들이 먹는 것을 더 주의 깊게 관찰하고 그들이 어떤 약을 복용하고 있는지 확인해야 할 수도 있다. 그들이 보는 것처럼 근심 없는 삶은 사라졌고 그것으로 인해서 그들이 원하는 것은 무엇이든지 할 수 있는 자유도 사라졌다. 그들의 불사신(不死身) 의식 역시 사라졌다. 그들이 왜 우울해지는지 이해하는 것은 어렵지 않다.

그들이 일반적으로 보지 못하는 것은 우울증이 새로운 차원의 피로를 가져온다는 것이다. 이것이 심신 문제가 치유과정을 복잡하게 만드는 이유이다. 생물학적 조건이 감정적 상태에 영향을 미칠 수 있는 것처럼 감정적 상태가 생물학적 조건에 영향을 미칠 수 있음을 기억하는 것이 도움이 된다.

또한 우울증 자체가 일반적으로 믿어지는 "뇌의 화학적 불균형"보다 더 복잡하다는 것을 이해하는 것이 중요하다. 심리적, 환경적 인과관계 요인도 많다. 따라서 우리는 우리의 관점을 바로잡아야 한다. 그렇지 않으면 우리의 신체적 상태를 악화시킬 것이다. (관련기사 "관심을 바로잡기 위한 실용적인 조언 참조.")

당신의 관점을 바로 잡기 위한 실용적인 조언

현실 시험	내 생각에 찬성하거나 반대하는 증거는 무엇인가? 내 생각은 사실에 근거한 것인가, 아니면 단지 내 해석에 근거한 것인가? 나는 자동적으로 부정적인 것을 찾고 있는 것인가?
다른 설명 찾기	이 상황을 보는 다른 방법이 있는가? 다른 어떤 의미가 있을 수 있는가? 이 상황에 대한 긍정적인 관점은 무엇인가?

상황을 관점에 넣기	내가 그렇게 만드는 것만큼 상황이 나쁜가? 일어날 수 있는 최상의 상황 또는 최악의 상황은 무엇인가? 어떤 일이 일어날 확률이 더 높은가? 이 상황에서 좋은 점은 무엇인가? 이 상황이 5년 후에 나에게 중요할까? 다른 사람에게 중요할까?
목표 지향적 사고 활용	이런 사고 방식이 내가 행복함을 느끼거나 건강을 회복하거나 내 목표를 달성하는 데 도움이 될까? 내가 상황을 해결하기 위해 나에게 도움이 되는 어떤 조치를 취할 수 있는가? 다음 번에 더 잘 대처할 수 있도록 이 상황에서 내게 도움이 될 것을 배울 수 있는가?

우리는 우리의 생활 방식을 바꿀 필요가 있기 때문에 우리에게 주어진 기회를 의도적으로 찾아야 한다. 우울증의 경보 시스템은 무기한 지속되는 부주의한 경고를 의도한 것이 아니다. 오히려 우리 삶의 문제에 주의를 기울이고 새롭고 창의적인 방법으로 해결하도록 고안되었다.

질병 또는 부상에 의해 부과되는 보다 중요한 심리적 제한 중에는 더 큰 고립의 가능성이 있다. 그러한 고립은 우울증의 핵심인 외로움과 절망감을 증가시킬 수 있다. 시도할 대안 전략이나 변화 계획이 없으면 자살 충동이 생길 수 있다. 이러한 이유만으로도 신체적 외상의 우울한 부작용에 주의를 기울여야 한다.

우울증의 의학적 요인

다음은 다양한 만성 질환과 관련된 우울증 비율이다.

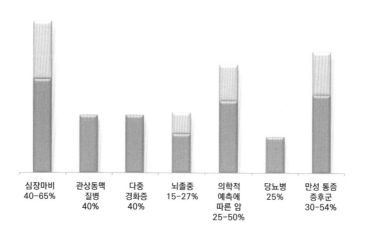

심장마비
40-65%

관상동맥
질병
40%

다중
경화증
40%

뇌졸중
15-27%

의학적
예측에
따른 암
25-50%

당뇨병
25%

만성 통증
증후군
30-54%

보시다시피, 일반적인 의료 사건들은 사람의 복지 감각에 깊은 정서적 영향을 미칠 수 있다. 이러한 통계는 남성들과 여성들에게 동등하게 적용된다. 사람들은 위기가 최고조에 달했을 때 필요한 의학적 치료를 받는 데 상당히 능숙하다.

그러나 드물게 그들은 자신의 질병과 관련된 새로운 한계에 더 잘 대처하기 위한 상담의 필요성에 많은 관심을 기울이지 않는다.

종종 악순환이 시작된다. 그들은 자신의 건강 상태의 좌절스러운 제한을 받아들이는 데 어려움을 겪고 우울해진다. 이것은 차례로 그들의 의학적 치료가 가능한 것보다 덜 효과적이게 만들고, 그 결과 더 큰 우울증 등을 초래한다.

몇 년 전 60대 초반의 행복한 결혼 생활을 하던 목사님이 이상하게 우울해졌다. 사실 그는 너무 우울해져서 아침에 침대에서 거의 일어나지 못하고 일상적인 일을 계속할 수 없었다. 무슨 일이 일어나고 있는지 혼란스러워 한 그는 주치의를 방문했다. 그곳에서 그는 놀랍게도 테스토스테론(Testosterone-고환에서 추출되는 남성 호르몬-역주) 수치가 매우 낮다는 사실을 알게 되었다. 그는 남성 갱년기를 앓고 있었다. 적절한 호르몬 치료로 우울증이 풀렸고 새로운 활력으로 목사로서의 직무를 재개했다.

폐경은 엄밀히 말해 여성들의 문제라고 생각할 수도 있다. 하지만 남성들도 그것과 씨름할 수 있다. 그것은 종종 남성의 낮은 에너지 수준, 신체적 약함, 우울한 기분, 그리고 성에 대한 관심이 거의 없는 것으로 나타난다. 우울증이 문제지만, 테스토스테론이 적은 것이 문제이다.

부수적으로 이 문제를 일으킬 수 있는 또 다른 의학적 질환이 있다: 바로 고프로락틴혈증(Hyperprolactinemia)이다. 이는 뇌하수체가 호르몬 프로락틴(Prolactin-뇌하수체 전엽에서 분비되는 호르몬-역주)을 너무 많이 분비해 테스토스테론의 생성을 크게 감소시키는 질환이다. 테스토스테론의 검출되지 않은 프로락틴의 감소는 우울증을 유발할 뿐만 아니라 칼슘을 흡수하는 신체의 능력을 떨어뜨려 시간이 지남에 따라 골다공증을 유발할 수 있다.

우울증에 대한 종합적인 진단 평가의 일환으로 신체 검사를 받는 것이 중요하다. 특정 증상이 나타날 때, 훌륭한 1차 진료 의사는 의학적 상태의 정서적 부작용을 이해할 것이다. 그리고 의사는 환자의 심리적 기능을 결정하기 위해 질문을 하거나 간단한 우울증 척도(예: 감정 및 신체 건강에 대한 해밀턴 설문조사(Hamilton Survey; 관련기사 참조)를 관리하는 방법을 알게 될 것이다. 당신의 의사가 우울증이 문제라는 사실을 알게 되면 대개 항우울제를 처방하거나 전문 상담을 권하거나 둘 다 할 것이다.

해밀턴의 정서 및 신체적 건강 햄-디(Ham-D)와 벡(Beck) 우울증 검사(자기 진단 검사-역주)는 당신이 우울한지 여부와, 우울하다면, 당신이 필요한 도움을 받는 것이 얼마나 시급한지에 대한 빠른 피드백을 얻기 위해 취할 수 있는 간단한 자기 보고 목록이다. 당신은 온라인에서 우울증 아웃리치 웹사이트(www.Depressionoutreach.com)에서 해밀턴 조사를 찾을 수 있다. 여기에는 자체 채점 절차가 포함된다.

당신의 뇌의 변화

최근 몇 년 동안 BDNF(뇌에서 유래한 신경 영양 인자)로 알려진 뇌 단백질이 중추 신경계에서 기존 신경 세포를 지원하고 새로운 세포의 성장을 자극하는 중요한 역할을 하는 것으로 밝혀졌다. 이 단백질은 학습, 기억 및 고등 사고에 필수적인 뇌 영역에서 가장 활동적이다.

신체 운동, 정신 요법 및 항우울제는 모두 BDNF 합성을 증가시키는 것으로 나타났다. 반면에 치료되지 않은 만성 우울증은 BDNF 생산 감소라는 반대 효과가 있는 것으로 밝혀졌다. 이것이 의미하는 바는 우울증을 치료하지 않고 방치하면 생각과 학습을 담당하는 뇌 영역이 악화되거나 손상될 수 있다는 것이다. 도움을 받지 않으면 이 효과가 나중에 정신적인 삶의 질에 중대한 영향을 미칠 수 있음을 명심하라.

당신이 가진 것을 최대한 활용하는 것

만성 질환으로 인해 우울하다면 삶에 적극적으로 참여하

도록 노력하라. 자신을 고립시키는 것은 매우 쉽지만 그 유혹에 저항하는 것이 중요하다. 그렇지 않으면, 그 결과로 생긴 감정적인 하향 나선형은 만성적인 상태를 더욱 악화시키고 이미 가지고 있는 신체적 한계를 증가시킬 수 있다.

그리스도인으로서 우리는 하나님이 우리에게 새로운 것을 가르치시거나(우리 자신에 대해 또는 그분에 대해) 예상치 못한 방식으로 그분의 나라를 확장하기 위해 우리의 상황을 사용하실 수 있다는 것을 안다. 19세기 후반 영국에 살았던 어려운 시기에 교회에 다녔던 한 여성이 영적으로 이것을 경험했다.

우리가 우리의 조건이 아니라 그분의 조건에 따라 그것을 끝까지 볼 수 있는 믿음이 있다면, 하나님은 결코 상황을 낭비하게 내버려 두지 않으신다.

그녀는 그녀의 교회에서 하나님을 섬기려는 열정이 되살아날 수 있도록 노력하기로 결심했다. 그러나 잠시 후, 그녀는 평생 동안 침대에 누워 있어야 하는 병에 시달렸다. 그녀는 교회에 참석할 수 없어서 심한 우울증에 빠졌다.

어느 날 한 친구가 그녀에게 교회의 영적 부흥을 위해 신실하게 기도할 수 있다고 제안했다. 그녀는 이것이 하나님이 그녀에게 원하시는 것이라고 확신했다. 해마다 그녀는 하루 중 많은 시간을 그녀의 교회가 영적 갱신을 경험하도록 매일 기도했다. 미국에서 드와이트 무디(Dwight L. Moody)의 사역에 대해 들은 후 그녀는 무디가 자신의 교회에서 설교할 수 있도록 기도하기 시작했다.

거의 10년 동안 기도 끝에, 드와이트 L. 무디는 다른 목회자들과 설교자들에게 배우기 위해 영국으로 왔다. 그곳에서 그는 이 여성의 교회의 목사인 존 레시(John Lessey) 목사를 만났는데, 그는 무디에게 자신의 교회에서 설교할 수 있는지 물었다. 무디는 어느 주일에 설교를 한 다음 아일랜드로 가기로 작정하면서 동의했다.

그러나 그 작은 교회의 반응이 너무 압도적이어서 그는 아일랜드에서 다시 그 교회의 부름을 받아 시작된 부흥회를 계속했다. 그는 결국 열흘 동안 머물게 되었고, 그 기간 동안 수백 명이 그리스도를 알게 되었다. 그는 나중에 2년 동안 지속된 연장된 집회를 위해 영국으로 돌아왔다. 런던에서만 25

만 명이 무디의 집회에 참석할 수 있었다.

이 여성은 일어난 일을 들었을 때 하나님이 그 모든 세월 동안 그녀의 충실한 섬김을 존중하셨다는 것을 깨달았다. 그녀의 건강 상태가 심각하게 제한되어 있었음에도 불구하고 하나님은 그녀를 강력하게 사용하셨다.

나는 앞서 우리가 우리의 조건이 아니라 그분의 조건에 따라 그것을 끝까지 볼 수 있는 믿음이 있다면, 하나님이 상황을 낭비하게 내버려두지 않으신다고 말했다.

"엘리야는 우리와 성정이 같은 사람이로되 그가 비가 오지 않기를 간절히 기도한즉 삼 년 육 개월 동안 땅에 비가 오지 아니하고 다시 기도하니 하늘이 비를 주고 땅이 열매를 맺었느니라."

— 약 5:17-18

우리는 놀라서 "엘리야도 우리와 같았는가"라고 물을지도 모른다. 당신이 마지막으로 기도를 드린 게 언제고 날씨 패턴에 극적인 변화가 일어났는가? 야고보는 그러한 기이한 말씀을 통해 무엇을 의미할 수 있었는가?

야고보는 엘리야가 간절한 마음으로 큰 일을 구하는 반면 우리는 약한 마음으로 작은 일을 구하는 경향이 있다고 말씀한다. 우리가 그분의 말씀을 받아들인다면, 우리가 장애를 일으킬 수 있는 질병으로 인해 제한을 받을 때에도 하나님께서는 의미와 목적으로 우리의 우울증을 몰아내실 수 있다. 우리가 기대하는 결과는 아닐지 모르지만, 더 좋은 것은 하나님이 친히 정하신 결과이다.

영국의 시골 지역에 살고 있는 그 눈에 띄지 않는 신실한 여성의 끊임없는 기도는 그녀의 우울증과 교회의 영적 상태뿐만 아니라 그녀의 나라의 영적 상태와 전 세계의 수많은 삶에 영향을 준 드와이트 무디의 삶을 변화시키는데 성공했다! 작고 보잘것없는 영국 교회에서 육체적으로 쪼그라들고 누워있는 여성이 그런 영향을 미칠 수 있다고 누가 생각이나 했는가? 그녀는 누구나 상상할 수 있는 것보다 더 중요했다. 그것은 그녀가 먼저 하나님께 중요했기 때문이다.

5장

양날의 검으로서의 처방

"남성이 알아야 할 다섯 번째는
일부 처방약은 분명히 우울한 부작용을
일으킬 수 있다."

   때로는 신중하게 고려한 후에도 당신의 우울증의 원인이
수수께끼로 남아 있다. 어쩌면 그때가 당신이 지금 복용하고
있는 약을 살펴볼 때이다. 많은 경우 우울증은 약물 복용의
부작용이거나 약물 복용을 중단한 결과이다.

이유가 밝혀지지 않은 것에 대한 설명

때때로 우울증은 갑자기 찾아오는 것 같다. 이것은 우울증이 생물학적 원인에 의해 유발되었음을 의미할 수 있다. 예를 들어, 양극성 장애(조울증 및 우울증 단계가 있음)에는 약물의 조합이 필요하다. (양극성 장애는 심각한 뇌 질환으로, 비정상적인 기분 변화로 인하여 일상생활이 어려운 경우를 말한다. 어떤 경우에는 매우 기분이 좋으며, 평소보다 훨씬 활동적인 "조울증"을 나타낸다. 반면, 어떤 경우에는 기분이 매우 슬프며, 활동성이 매우 떨어지는 "우울증"을 나타낸다-역주)

때때로 이 장애는 단순한 우울증으로 오진되어 항우울제가 처방된다. 그러나 이 경우 항우울제만 투여하면 조울증의 가능성이 높아지므로 피해야 한다. 따라서 약물 치료를 시작하기 전에 정확한 진단을 받는 것이 중요하다.

우울증과 관련된 약

최근에 복용하기 시작한 약이 있는지 확인해 보라. 다음은 부작용으로 우울증을 일으킬 수 있는 약물의 간단한 목록이다.

혈압약 (항고혈압제)

- 베타 차단제(Beta Blockers)-교감신경의 베타 수용체를 차단하여 심근 수축력과 심장 박동수를 감소시키는 약물이다. 혈압을 낮추고 심장의 부담을 줄여주므로 고혈압, 관상동맥질환, 심부전, 부정맥 등의 치료에 사용된다. 갑자기 투약을 중단하면 증상이 악화될 수 있으므로, 투여를 중단할 경우에는 천천히 감량해야 한다-역주.

- 칼슘 통로 차단제(딜티아젬(Diltiazem)-고혈압과 협심증을 치료하는 약물이다. 심장에 선택적으로 작용하여 심근의 수축을 억제하고, 심장 박동수를 감소시키기 때문에 고혈압, 협심증의 치료에 사용된다-역주.

- 니페디핀(Nifedipine)-고혈압이나 협심증과 같은 관상동맥 질환에 사용한다. 칼슘 이온이 심장근육이나 혈관 평활근의 느린 칼슘통로(Slow Calcium Channel)에 들어가는 것을 선택적으로 막아준다-역주.

- 메틸도파(Methyldopa)-알파 메칠도파라고도 불리우

며 과거에는 항고혈압약으로 사용되었으나 현재는 다른 유용한 약물의 출현으로 임신성 고혈압 외에는 많이 사용되지 않는다-역주.

⁑ 구아네티틴(Guanethidine)-혈압강하제의 일종으로 교감신경 말초에 작용해 자극의 전도를 차단함으로써 혈압을 강하시킨다-역주.

⁑ 염산클로니딘(Clondine Hydrochloride)-항고혈압제로 원인을 알 수 있는 고혈압증에 대해서 원인 제거를 하는 외과적 처치나 항 아드레날린 작동약, 항 알도스테론으로 치료를 하는데, 원인을 모르는 본태성 고혈압증에 대해서는 대중적으로 항고혈압제를 사용한다-역주.

항파킨슨 병 치료제

⁑ 카르비도파(Carbidopa)-이 약물은 경구 또는 흡입 형태로 제공되며 가장 효과적인 파킨슨병 약물이다. 신체는 이 약물을 뇌의 신경 전달 물질 분자인 도파민

(Dopamine-카테콜아민(Catecholamine)과의 화학물질로서 뇌를 비롯한 우리 몸의 여러 곳에서 중요한 기능을 수행한다-역주)으로 전환하여 파킨슨병에서 발생하는 낮은 도파민 수치를 보충한다.

❋ 아만타딘(Amantadine)-A형 인플루엔자 바이러스로 인한 파킨슨병 및 인플루엔자와 관련된 운동 이상증을 치료하는 데 사용되는 약물이지만 광범위한 약물 내성으로 인해 더 이상 사용이 권장되지 않는다-역주.

항불안제(벤조디아핀-Benzodiazapines-특히 중독 후 금단)

❋ 디아제팜(Diazepam)-정신 안정제나 골격근 이완제 등으로 쓰이는 약물. 마약류 관리에 관한 법률에 향정신성 의약품으로 분류되어 있다. 바륨(Valium)이라고도 하며 신경 작용제 중독 경련에 대한 항경련제 CANA 주사로 사용한다-역주.

● 클로르디아제폭시드(Chlordiazepoxide)-항불안제로 금단 증상 시 사용하는데 정신 안정 작용과 골격근 이완 작용의 치료에 이용된다. 중추신경계에 대한 작용점은 명확하지 않으나, 각종 정신신경증에 나타나는 불안이나 흥분을 억제한다-역주.

● 알프라졸람(Alprazolam)-벤조디아제핀 계열의 단시간 작용하는 신경안 정제로, 일반적인 불안증, 공황장애, 우울증과 같이 오는 불안증에 효과를 나타낸다. 약물 의존성과 오남용 위험이 있어 향정신성 의약품으로 지정되어 있다-역주.

● 클로나제팜(Clonazepam)-항간질제, 간질 치료제의 하나. 특히 간질의 장기 치료에 사용한다-역주.

● 플루라제팜(Flurazepam)-벤조디아제핀 유도체인 약물이다. 그것은 항불안제, 항경련제, 최면제, 진정제 및 골격근 이완제 특성을 가지고 있다-역주.

● 로라제팜(Lorazepam)-벤조디아제핀 약물로 불안 장

애, 수면 장애, 심한동요, 간질 지속 상태를 포함한 활동성 발작, 알코올 금단, 화학 요법으로 인한 메스꺼움 및 구토를 치료하는 데 사용된다. 고용량 장기간 투여시 갑자기 투약을 중단하면 불안, 불면 환각 등의 금단현상이 나타날 수 있으므로 투여를 중단할 경우에는 천천히 감량해야 한다-역주.

트리아 졸람(Triazolam)-불면증 치료에 사용되는 약물이다. 뇌에서 억제성 신경전달물질의 작용을 강화시켜 진정 및 수면 효과를 나타낸다. 약효 지속시간이 짧으므로 취침 바로 직전에 투여한다. 약물 의존성과 오 남용 위험이 있어 향정신성 의약품으로 분류된다-역주.

정신 활성 물질

알코올(Alcohol)-알코올은 수세기 동안 많은 문화권에서 널리 사용되어온 의존성을 유발하는 정신 활성 물질이다. 알코올의 유해한 사용은 사회에 큰 질병, 사회적, 경제적 부담을 야기한다-역주.

◉ 아편계 약물

오우피엄(Opium)-아편으로 양귀비 즙을 일컫는 말로 양귀비 즙을 가공한 것.

헤로인(Heroin)-진정제 마약.

코데인(Codeine) - 아편에서 채취되는 진통, 진해, 수면제.

히드로코돈(Hydrocone)-마약성 진통제로 중추신경계에 작용하여 진통 효과를 나타낸다. 지속해서 사용하면 내성과 신체적 의존성이 생기므로 반드시 의료전문가의 지도하에 사용되어야 한다.

메타돈(Methodone)-헤로인에 대한 금단증상을 완화시키기 위해 사용되는 아편 양제제의 하나로 헤로인과 유사한 방식으로 뇌에 작용하여 대체효과가 나타난다.

모르핀(Morphine)-아편에서 발견되는 천연 식물 알칼로이드 중 하나이며, 다른 파생 상품이 진통 효과와 부작용

측면에서 측정되는 아편제형이다.

다르보셋(Darvocet)-마약성 진통제로 시장에서 영구 퇴출 되었다.

옥시코돈(Oxycodone)-마약성 진통제이다. 아편에서 유래한 성분과 유사한 구조의 합성마약제에 속한다. 중추신경계에서 통증 자극을 전달하는 신경전달물질의 분비를 억제하여 진통효과를 나타낸다. 마약으로 지정되어 있다.

퍼코댄(Percocet)-마약성 진통제.

바이코딘(Vicodan)-마약성 진통제.

메페리딘(Meperidine)-모르핀 이후 대표적으로 사용하는 진통제로 데메롤(Demerol)이라는 이름으로 시판되고 있는 약물로서 중독성이 있다. 불안에 효과적인 것으로 알려져 있지만 중독의 가능성을 항상 염두에 두어야 한다-역주.

￭ 암페타민(Amphetamines)-정신 활동을 지배하고 있는 전두연합령이 있는 대뇌 겉질을 각성시켜 사고력, 기억력, 집중력을 순식간에 고조시키는 약리 작용이 있다. 장기간 복용하면 망상성 정신 장애 등 각성제 중독 현상이 일어난다. 분노, 불안을 유발하고 심장박동을 빠르게 하는 신경자극제이다. 이것은 도파민 활동을 증진시켜 정상인에게도 조현증(정신분열증)과 비슷한 상태를 일으킬 수도 있다-역주.

￭ 코카인(Cocaine)-결정성(結晶性) 분말로서 쓴맛이 나고, 혀를 강하게 마비시킨다. 국소 마취제이며, 주로 안과나 이비인후과에서 사용된다. 현기증, 구토증, 말초신경 허탈, 혼수 등의 부작용이 있으며, 독성이 강하여 습관성이 되기 쉽다. 코카인은 마약의 일종으로 거래 및 사용이 법률로 규제되어 있다-역주.

￭ 아나볼릭 스테로이드(Anabolic steroids)-단백동화스테로이드로 스테로이드 호르몬의 한 부류로, 남성 호르몬인 테스토스테론과 관계가 있다. 세포 내의 단백질 합성을 촉진시키며, 결과적으로 세포 조직, 특히 근육의 성

장과 발달을 가져온다. IOC(국제 올림픽 위원회)는 도핑
(Doping)으로 간주하고 그 사용을 금지하고 있다-역주.

바르비투르산염(Barbiturates)

· 페노바르비탈(Phenobarbital)-뇌신경흥분을 억제해
진정, 수면, 항경련 효과를 나타내는 약물로서 바르비탈
류에 속하는 약물로 뇌에서 신경흥분을 억제하여 진정,
수면, 항경련 효과를 나타낸다. 약물 의존성과 오남용
위험이 있어 향정신성의약품으로 지정되어 있다-역주.

· 세코바르비탈(Secobarbital)-백색, 무정형 또는 결정
성 분말. 단시간 작용성 바르비탈염(Barbiturate)으로
서, 최면제 및 진정제로 사용되며, 경구로 투여한다-역
주.

항경련제(Anticonvulsants)

◉ 에토숙시마이드(Ethosuximide)-간질 발작에 대한 진
경제(鎭痙劑)로 백색 또는 백색 결정성의 분말 또는 밀랍
모양의 고체. 항경련제로 사용된다- 역주.

◉ 메트석시마이드(Methsuximide)-백색내지 회백색 결
정성 분말. 진경제로서 속발작 및 정신운동성 간질의 치
료에 사용되며 경구 투여한다-역주.

스타틴(Statins-콜레스테롤 감소에 사용)

◉ 아토르바스타틴(Atorvastatin)-스타틴 계열의 약물로,
콜레스테롤의 합성을 억제하여 고지혈증을 치료한다.
고지혈증 환자의 콜레스테롤 감소를 위한 식이요법 보조
및 심장혈관 질환의 위험성 감소를 위해 사용된다-역주.

◉ 플루바스타틴(Fluvastatin)-고지혈증 치료제이다. 콜
레스테롤의 합성을 억제하는 스타틴 계열의 약물로, 고

지혈증 환자의 콜레스테롤 감소를 위한 식이요법의 보조제로 사용된다. 또한 죽상동맥경화증의 진행을 지연시키고 심장혈관 질환의 위험성을 감소시키기 위해 사용된다. 드물지만 중요한 부작용으로 근육병증, 횡문근융해증, 간부전 등이 있다-역주.

⬦ 프라바스타틴(Pravastatin)-스타틴 약품으로, 높은 위험에 처한 사람들의 심혈관 질환을 예방하고 비정상적인 지질을 치료하는데 사용된다. 식생활 변화, 운동, 체중 감량과 함께 사용해야 한다. 구강으로 복용한다. 일반적인 부작용에는 관절통, 설사, 메스꺼움, 두통, 그리고 근육통이 포함된다. 횡문근융해증, 간질환, 당뇨병 등의 심각한 부작용이 있을 수 있다-역주.

⬦ 심바스타인(Simvastatin)-지질 강하제이다. 증가된 지질 수치를 감소시키기 위해 운동, 식이요법 및 체중 감소와 함께 사용된다, 또한 고위험군에서 심장 문제의 위험을 줄이는 데 사용된다-역주.

화학요법제(Chemotherapy Agents)

⊕ 빈크리스틴(Vincristine)-일일초라는 식물에서 유래된 항암제이다. 세포분열에 필요한 튜불린이라는 단백질에 결합해 암세포의 분열을 저해함으로써 항암작용을 나타낸다. 급성 백혈병, 림프육종 등의 치료에 다른 항암제와 함께 사용된다. 백혈구와 혈소판 감소가 가장 중요한 부작용이며 위장관 장애, 혈압상승, 땀과다, 우울증, 근육통, 욕지기, 두통 등이 부작용으로 나타날 수 있다. 주사제로 투여한다-역주.

⊕ 프로카바진(Procarbazine)-항암제로 사용되는 히드라진(Hydrazine)계 약물이다. 대사체가 DNA 및 RNA 합성을 억제하고 따라서 단백질 합성도 억제하는 것이 기전으로 제시되나 정확한 기전은 알려져 있지 않다. 다른 약과 병용 투여 시 호지킨 병에 효과가 좋아 국내에서도 호지킨병 등의 악성 림프종에 경구용 캡슐제로 사용할 수 있다-역주.

⊕ 인터페론(interferon)-바이러스에 감염된 동물의 세포

에서 생산되는 항바이러스성 단백질로 인터페론은 세
포의 조절물질로서 그 기능이 아주 다양하다. 예를 들
면, 바이러스로부터의 세포보호, 조직배양에서나 골수
에서의 세포분열 억제, T세포의 작용 조절, 자연면역세
포(NK세포)의 기능 항진을 유도하여 식균작용을 상승시
키고, 또 특수 암세포의 분열 억제 등 이루 헤아릴 수 없
이 많이 알려져 있다-역주.

1세대 항정신병 약물(First Generation Antipsychotic Medications)

○ 페노티아진(Phenothiazine)-살균, 구충약, 정신 안정
제로 수의학에서 구충제로 사용한다-역주.

○ 할로페리돌(Haloperidol)-정신 분열병 및 다른 정신병
을 치료하기 위해 주로 사용된다. 정신 분열증 장애, 망
상 장애, 무도증, 투렛 증후군(선택 약물)에 사용되며 때
때로 지적 장애나 헌팅턴병의 무도증에 대한 보조 요법
으로 사용된다. 강력한 항염제이며 난치 딸꾹질 치료에

도 사용된다-역주.

할로페리돌(Haloperidol)-대표적인 항정신병 약물로 정신분열증, 투렛 증후군의 틱, 양극성 장애의 조증, 섬망, 동요, 급성 정신병 및 알코올 금단 현상의 환각의 치료에 사용된다-역주.

여드름 약물(Acne medications)

이소트레티노인(Isotretinoin)-비타민 A의 유도체이다. 경구제는 다른 치료법으로 잘 치료되지 않는 여드름의 치료에 사용된다. 피지선에서 만들어져 모공을 통해 피부 표면으로 분비되는 기름 물질인 피지가 과다 분비되는 것을 억제하는 약이다. 복용 시 피부와 눈을 건조하게 만들 수 있고, 임신부의 경우 태아 기형을 유발할 수 있으므로 주의가 필요하다-역주.

금연 약물(Anti-smoking medication)

● 바레니클린(Varenicline)-니코틴 수용체의 부분 효현 제로 금연 보조 목적으로 사용된다. 지금까지의 금연 보 조제인 니코틴 껌, 부프로피온, 니코틴 대체제 등과는 약 리학적으로 차이가 있다. 금연 치료에 보조적으로 사용 되는 약이다-역주.

단순포진과 대상 포진에 대한 약물(medication to herpes and shingles)

● 아사이클로비르(Acyclovir)-단순포진 바이러스와 수 두 대상포진 바이러스 감염증을 치료하는 항바이러스 약물이다-역주.

약물 중단

감정적 부작용 때문에 일부 약물(특히 벤조디아자핀 및 아편류)을 중단할 때는 최대한 주의가 필요하다. 의사의 감독 하에 이러한 약물을 중단해야 한다. 특히 장기간 정기적으로 또는 고용량으로 복용한 경우 이러한 약물을 갑자기 중단하면 급성 우울증을 비롯한 심각하고 심지어 위험한 부작용이 발생할 수 있다. 많은 사람들이 이것을 알지 못하고 단순히 스스로 중단하기로 결정한다. 이것은 매우 현명하지 못한 일이다. 어떤 약이든 마찬가지이다. 위에 나열된 약물 중 하나를 복용하는 경우 우울증으로 고통받는 경우 의사와 상담하라. 위 목록에 없는 약을 복용하고 있는 경우에도 약이 부정적인 기분의 원인이 될 수 있는지 여부에 대해 의사와 상의하라.

당신은 당신의 질병과 관련된 많은 것들을 두려워할 수 있다.

◦ 질병의 진행 과정에서 앞에 놓여 있는 것

◦ 당신의 변화하는 신체적 외모

◦ 당신의 질병이 더 큰 무력으로 이어질 가능성이 있는

지 여부

⬤ 당신의 약물의 부작용 가능성

따라서 이 어려운 시기를 헤쳐나갈 수 있도록 전문가의 조
언을 구하는 것이 현명하다.

"그러므로 우리가 낙심하지 아니하노니 우리의 겉사람은
낡아지나 우리의 속사람은 날로 새로워지도다 우리가 잠시
받는 환난의 경한 것이 지극히 크고 영원한 영광의 중한 것
을 우리에게 이루게 함이니."

–고후 4:16-17

육체적 정신적 건강을 위한 자유로운 활동

감정적 고통에 대처하기 위해 약물을 남용하는 것은 건강
에 많은 비용을 들이고 약물을 끊는 동안 우울증을 악화시킬
수 있다. 남성이 섭취하는 아편제는 모르핀(Morphine), 코
데인(Codeine), 하이드로콘(Hydrocone), 옥시코돈(Oxy-

codone), 퍼코셋(Percocet), 퍼코단(Percodan), 바이코딘
(Vicodin) 등 광범위한 범위를 포함한다. 이 약들의 대부분
은 의사들이 급성 및 만성 통증을 치료하기 위해 사용한다.
하지만 많은 사람들이 그들의 감정적인 고통을 마비시키기
위해 사용하는 약에 중독된 환자들에 의해 남용되고 있다.
아편제가 그렇게 중독성을 갖게 하는 것은 그들이 고통을 덜
어주는 특성과 함께 잘못된 행복감을 만들어낸다는 것이다.

　이 약들을 남용하는 것은 결코 해롭지 않은 즐거움이 아니
다. 그들의 행복감에 대한 내성(그것은 사람이 같은 평안, 즉
행복감을 경험하기 위해 점점 더 많이 복용해야 함을 의미)
은 약물의 잠재적으로 치명적인 영향(심장 또는 호흡 정지,
저산소증 등)에 대한 신체적 내성보다 더 빠르게 발달한다.
그리고 급격한 금단 현상은 피로, 초조, 불안, 불면증 및 동
기 부족을 유발할 수 있으며 이 모든 것이 이전의 우울 상태
를 악화시킬 수 있다.

　메스암페타민(Methamphetamine), 코카인(Cocaine),
아나볼릭 스테로이드(Anabolic Steroids)와 같은 기분 전
환용 약물의 경우에도 마찬가지이다. 한 가지 차이점은 이러

한 약물의 사용이 신체에 즉각적이고 심각한, 심지어 치명적인 영향을 미칠 수 있다는 것이다. 그들은 또한 급성 우울증을 포함하여 파괴적인 정서적 영향을 미칠 수 있다. 이러한 약물을 사용하고 남용할 때 우울증은 완전한 자기 파괴의 가장자리로 이끌어가는 구실이 되어왔다.

양날의 검

처방 의약품과 일반 의약품은 일반적으로 양날의 검으로, 긍정적이고 부정적인 신체적, 정서적 효과가 서로 다르다. 의학적 용도에서 의사가 처방할 때 고려해야 하는 치유 속성과 손상 속성 사이에는 일정한 균형이 있다. 기분 전환용 약물의 경우 위험한 특성에 무관심한 경우가 많은데, 이는 주로 약물 남용의 기저에 깔린 자기 파괴적인 생각이나 행동이 있기 때문이다.

약물을 조사하는 목표는 주어진 시점에서 감정 상태에 기여할 수 있는 모든 위험 요소를 고려할 때 올바른 질문을 할 수 있는 능력을 개발하는 것이다. 사실을 알고 있어야만 현명한 결정을 내릴 수 있다. 그리고 나이가 많을수록 위험이 커진다는 것을 기억하라.

마약 남용

남성 우울증의 독특한 특성은 남성들로 하여금 약물 남용이나 정서적 고통을 다루기 위해 불법적으로 약물을 사용하기 쉽다. 무가치한 감각이 여성으로 하여금 자신을 탓하게 하는 반면, 남성들은 다른 사람들을 탓하는 경향이 있으며, 그들의 분노와 짜증, 그리고 그들의 피해 의식을 불러일으킨다. 여성들은 불안과 외로움을 느낄 가능성이 더 높으며 가능한 한 갈등을 피하지만 남성들은 더 자주 불신하고 불안하고 동요하여 갈등의 가능성이 더 높다. 여성들은 상처를 더 쉽게 인정하는 반면 남성들은 거의 인정하지 않고 대신 자가 치료(마약, 알코올, 성, 스포츠 등)를 통해 위안을 찾는다.

요컨대, 삶의 좌절과 실망에 대처하는 남성들은 문제 해결보다 더 행동한다. 문제 해결은 변화를 암시한다. 이는 그들이 해왔던 일이 잘못되거나 도움이 되지 않는다는 것을 의미한다. 이것은 그들의 분노와 방어의 주된 이유인 불충분하다는 감정의 핵심을 찌른다. 그에 따르는 파괴적인 자기 희생은 단지 그들의 우울증을 심화시키고 자기 치료 시도를 강화시킬 뿐이다.

섬김에 대한 질문

성경은 태초부터 사람(아담)에게 하나님의 창조 질서에서 조화를 유지하는 데 필요한 모든 속성을 부여받았다고 알려 준다. 그러나 아담과 하와가 그것으로 충분하지 않다고 결정했을 때, 그들은 길을 잃었다. 타락 이후로 인간은 권력과 통제에 대한 근본적인 관심에 취약해졌으며, 남성들의 우울증은 일반적으로 무력감과 무능에서 비롯된다.

하나님은 우리가 통제를 위한 끝없는 추구로 영적으로나 감정적으로 쇠약해지는 것을 바라지 않으신다. 제자들이 누가 하늘에서 크냐를 놓고 다투었을 때, 예수님은 그들을 친절하게 인도하셔서 하나님 보시기에 누가 크냐를 깨닫게 하시고, 마침내 그들은 겸손이 하나님의 관심을 *끄는* 것임을 깨닫게 되었다(마 18:1-4; 20:24-28). 그러한 섬김은 권력과 통제를 놓아주는 것을 의미한다. 물론 이 사람들이 이것을 받아들이기는 쉽지 않았다.

우리에게도 어려울 수 있지만 마찬가지로 권력과 통제에 대한 추구를 버리고 다른 사람들에 대한 섬김을 받아들이는 것이 좋을 것이다. 교회와 지역 사회의 구성원을 섬길 수 있는 방법에 대해 알아보려면 교회 사무실에 문의하라.

3부

상처를 주는 생각과 행동

6장

영적 고정 관념을 폭로

"남성이 알아야 할 여섯 번째는
하나님이 어떤 분이신지,
그리고 그분이 우리와 어떻게 관련되어 있는지에 대해
당신이 믿는 것이 우울증의 요인이 될 수 있다."

   심하게 우울한 남성이 도움을 받기 위해 성경 연구를 하는 여러 사람들에게 도움을 청했다. 각자는 우울증이 하나님에 대한 믿음의 부족을 나타내는 것이라고 확신했다. 그들은 그를 위하여 기도하고 기름을 바르고 그를 위하여 도고(禱告 祈禱-다른 사람을 대신해서 하나님께 드리는 간구-역주)기도를 드렸다. 그는 자신의 믿음을 회복하고 절망에서 벗어나게 해 달라고 하나님께 간구했다. 그는 그에게 요구되는 모든 것을 했지만 그의 우울증은 여전했다.

그가 나를 찾아왔을 때 그는 자신의 구원에 대해 의문을 품고 있었다. 사실 그는 비록 그는 감히 친구들에게 그 사실을 털어놓지는 못했지만. 하나님이 자신을 떠나신 것에 대해 하나님께 화를 내고 있었다. 상담 과정에서 우리는 그의 우울증을 유발하는 몇 가지 중요한 요소에 대해 논의했다. 우리는 성경에서 욥의 이야기를 보았다. 우리는 욥의 친구들이 어떤 방법으로든 도우려 했지만 소용이 없었는지 살펴보았다. 우리는 하나님께 대한 욥의 분노, 삶에 대한 깊은 환멸, 그리고 가장 중요한 것은 하나님께서 어떻게 바로 그 날에 구원하지 않으셨는지를 살펴보았다. 하나님께서는 욥에게 가르치셔야 할 중대한 일들이 있으셨지만, 욥의 온전한 관심이 필요했으며, 그로 인해 그의 우울증이 도움이 되었다.

마침내 욥은 그가 경배하는 분을 훨씬 더 깊이 이해하게 되었다. 그는 마침내 평화를 찾은 변화된 사람이 되었다. 우리는 "여호와께서 욥의 말년에 욥에게 처음보다 더 복을 주시니..."(욥 42:12)라고 읽었다.

야고보 1장 4절에서 야고보는 기도하는 것이, 구원받는 것이 아니라, 하나님이 우리 안에서 그분의 일을 완성하실 때까지 참아내는 인내심(헬라어 후포메넨(Hupomenen), "아래에 머물다"라는 뜻)을 갖는 것이 더 낫다고 말한다. 그것은 우리 안의 모든 것들이 즉각적인 제거를 외치기 때문에 우리 스스로 해결할 수 있는 일이 아니다.

> "인내를 온전히 이루라 이는 너희로 온전하고 구비하여 조금도 부족함이 없게 하려 함이라."
>
> —약 1:4

이 우울한 사람은 이 말씀을 들었을 때 그는 하나님이 욥에게 하셨던 것과 같은 방식으로 그의 우울함을 사용하고 계시다는 것을 깨달았다. 하나님은 하나님과의 관계를 포함하여 그의 관계에 부정적인 영향을 미치고 있는 해결되지 않은 문제에 대해 그에게 가르치고 계셨다. 그가 새로운 이해를 기쁘게 생각했을 때 그의 우울증에 남아 있던 것이 해소되었다. 그 과정에서 그의 믿음은 새로워졌다.

그의 친구들은 좋은 의도를 가지고 있었지만 그의 우울증을 이해하지 못했다. 교회는 서로를 지원하기 위해 매우 불완전한 방법으로 노력하는 불완전한 사람들로 구성되어 있다. 종종 상처를 입은 신자들은 하나님이 하시는 일을 진정으로 이해하지 못한 채 상처를 주는 다른 신자들을 도우려고 한다. 그 결과, 우울증에 대한 잘못된 고정 관념이 교회에 만연할 수 있다.

우울증의 네 가지 고정 관념

우울증에 대한 고정 관념은 우울증으로 고생하는 사람들에게 해롭다. 그들은 영적인 자기 회의와 하나님을 실망시키는 것에 대한 두려움을 만들어 상황을 악화시킨다. 네 가지 고정 관념이 특히 주목된다.

고정 관념 #1: 죄로서의 우울증

우울한 것이 죄라는 생각은 우리의 믿음이 행복한 삶을 위한 자격증명서라는 잘못된 생각에서 비롯된다. 결과적으로 감정적 위기는 그 사람이 책망이 필요하다는 표시라고 믿어진다.

우울증 자체는 죄의 결과일 수 있지만 결코 죄가 될 수 없다. 우울증은 뭔가 잘못되었다는 경보 신호 역할을 하는 감정적 상태이다. 신호로서 감정 상태는 항상 도덕적으로 중립적이다. 감정은 또한 인간 안에 있는 신성한 형상의 일부이며 그 자체로 우리의 창조주를 반영한다는 것을 기억하라.

사도 바울은 "분을 내어도 죄를 짓지 말라"(엡 4:26)라고 말했다. 다시 말해, 화를 내는 것(감정적 상태)은 죄가 아니지만 그것으로 할 수 있는 일은 죄가 될 수 있다. 그런 다음 그는 실제로 죄를 짓는 분노, 비통함, 복수의 문제를 설명했다.

우울증 그 자체는 죄가 아니지만, 우리가 우울할 때 할 수 있는 해로운 일들은 죄가 될 수 있다. 개인적인 책임은 우리가 계획하고 하는 것에서 오는 것이지, 우리가 그것을 할 때 우리의 우울한 마음 상태에서 오는 것이 아니다.

고정 관념 #2: 믿음의 결핍으로서의 우울증

이 고정 관념은 우울증이 영적 실패, 즉 하나님의 약속에 대한 불충분한 신뢰를 반영한다고 말한다. 이것은 타락한 세상에 사는 결과로서 고통스러운 상황의 역할을 최소화하거나 무시한다. 구약성경에서 우리는 우울증을 앓았던 다음과 같은 사람들에 대해 읽는다.

이름	성경 참조	설명
사무엘	삼상 8:4-9	선지자 사무엘은 사람들이 "다른 모든 나라가 그러하듯" 전쟁을 위한 왕을 요구했기 때문에 거부감을 느꼈고 감정적으로 무너졌다. 하나님은 사무엘을 책망하지 않으시고 오히려 위로하셨다.
엘리야	왕상 19:1-5, 11-18	엘리야는 바알의 선지자들에 대한 그의 승리에 대한 반응으로 사람들이 회개하지 않자 우울해졌다. 하나님은 이스라엘 자손의 완고함이 그의 잘못이 아니라고 말씀하셨다.

요나	요나 3-4	요나는 그의 필멸의 적들이 회개하고 하나님께서 그들에 대한 심판을 보류하셨을 때 화를 내고 우울해졌다. 하나님은 요나에게 관점을 바꾸라고 격려함으로써 응답하셨다.
모세	출 18:13-23; 민 11:1-24	모세는 자신이 섬기는 사람들을 결코 기쁘게 할 수 없는 것처럼 보였기 때문에 우울해졌다. 하나님이 자기 백성을 돌보아야 하시는 부담으로 자신을 벌하신다고 비난하기까지 했다. 그러나 하나님이 그가 사역에서 지치지 않도록 권위를 위임하도록 부드럽게 그에게 지시하셨다.

성경에는 우울증의 다른 예가 많이 있다. 믿음의 부족과 관련이 있는 사람은 없다. 그러나 많은 사람들은 여전히 우울증이 단지 그것 때문이라고 믿는다. 그들은 우울한 그리스도인들이 성경을 더 많이 읽고 하나님이 그들에게 믿음을 주시기를 기도하기 위해 죄책감 여행을 떠난다. 결과적으로 우울한 그리스도인들은 더 충실하려고 노력해도 끈질긴 절망이 풀리지 않을 때 더욱 우울해진다.

고정 관념 #3: 하나님의 징벌로서의 우울증

이 견해는 하나님을 모든 잘못이나 죄가 있는 실수에 대해 당신에게 달려들기를 기다리고 계시는 독재자로 그린다. 이런 관점에서 볼 때 하나님은 위로와 연민을 얻을 수 있는 분이 아니라 두려워해야 할 분이다. 그분은 선한 목자가 아니라 복수자가 된다.

성경적 의미에서 하나님을 두려워한다는 것은 하나님을 경외하고 크게 공경하는 것을 의미한다는 것을 기억하라. 그것은 패쇄된 정죄의 시도를 두려워하지 않고 그분의 열린 마음에 복종하는 하늘에 계신 아버지와의 건강한 관계를 반영한다.

많은 자기 증오와 씨름하는 신자들은 우울증을 하나님의 부드러운 인도하심의 기회가 아니라 하나님의 공의의 표현으로 볼 준비가 되어 있다. 이런 식으로 생각하는 사람은 정기적으로 망치로 자신을 때린다.

이를 수행한 의뢰인은 "나는 비난받는 것이 편하다. 그래

서 어렸을 때 내 자신을 때렸다. 하나님은 내가 죄를 짓고 정
죄받기를 원하신다. 내가 내 자신을 먼저 벌하면 하나님으
로부터 더 안전하다. 항상 죄를 짓는다는 것은 두려운 일이
다." 이 의뢰인의 어머니는 어린 시절 내내 그를 끊임없이 꾸
짖으며 하나님이 그를 영원히 처벌하실 지옥에 갈 운명이라
고 말했다.

이 사람이 진정으로 바라는 것은 용서 없는 의(義)와 자비
없는 복수이지 하나님의 은혜가 아니다. 이런 고정 관념은
선지자 예레미야(자신의 삶에서 절망과 싸웠던)의 말을 무
시한 것이다.

"여호와의 말씀이니라 너희를 향한 나의 생각을 내가 아나
니 평안이요 재앙이 아니니라 너희에게 미래와 희망을 주
는 것이니라."

– 렘 29:11

주님은 '너희를 해치지 않고 번영시킬 계획, 희망과 미래
를 줄 계획'이라고 선언하신다. 이 약속의 말씀은 예레미야
를 위한 것이 아니라 하나님의 모든 자녀들을 위한 것이다.

고정 관념 #4: 악마의 소유로서의 우울증

이 견해는 우울증이 악마의 작용의 증거이며 일종의 악령 쫓기에 의해서만 해결될 수 있다고 가정한다. 이 행위 또는 의식은 악령 쫓기 의식을 훈련받은 사람이나 하나님의 이름으로 고통받는 사람을 위해 집단적으로 기도하고 기름을 부을 관심을 가진 동료 신자에 의해 행해진다.

그러나 신약 성경조차도 마귀 들린 사람들과 심리적 장애로 고통받는 사람들을 구별한다. 예를 들어, 마태복음 4장 24절(KJV)에서 우리는 치유를 위해 예수님께 데려온 사람들에 대해 읽는다. 이 사람들은 "다양한 질병과 고통에 사로잡혀"(육체적으로 병들었다) 그리고 "마귀 들린" 사람들, 그리고 "미친" 사람들("그리스어로 미친)이었다. 미친이란 용어는 라틴어에서 유래했으며 일반적으로 정신 장애로 고생하는 사람들을 지칭하는 데 사용되었다.

성경은 마귀 들림으로 고통받는 사람들과 정신 장애를 처리하는 사람들을 별개의 그룹으로 구분한다. 그러므로 우리도 그렇게 해야 한다. 우울증이 마귀 들린 경우를 동반할 수 있지만, 우울증 그 자체가 마귀 들림의 표현인 것은 아니다. 그들이 마귀 들렸다는 생각 자체가 종종 우울한 신자들을 절망의 위기로 몰아간다. 악령 쫓기 의식에 복종한 후 기분이 나아지지 않는 경우 특히 그렇다.

영적 존재들

신자들 사이에서 흔히 볼 수 있는 이러한 고정 관념 중 하나에 동의한다면, 상황을 더 악화시킬 가능성이 있다. 우리는 심리적 존재일 뿐만 아니라 영적 존재이기 때문에 절망과 낙담을 느끼는 것은 우리의 영적 삶의 질에 영향을 미칠 것이다. 절망과 수치심 속에 사는 것은 하나님을 우리를 돌보시는 분으로 바라보는 우리의 견해에 영향을 미칠 수 있다. 그리고 그렇게 되면 우리의 마지막 낙관주의도 함께 사라진다.

사실은 하나님께서 당신에게 인생의 두 번째 기회, 즉 당신이 스스로에게 했던 거짓말에서 벗어날 기회를 주신다는 것이다. 우리는 우리의 죄나 과거가 아니라 하나님의 은혜와 자비에 대한 믿음으로 정의된다. 당신은 그분의 피조물의 자녀이며 그리고 앞으로도 그럴 것이다. 따라서 당신은 위대한 가치가 있는 사람이다. 당신이 그리스도를 당신의 구주로 받아들이기로 결심한 것처럼, 당신은 그리스도에 대한 당신의 헤아릴 수 없이 큰 가치의 위안을 받아들일 수 있다. 그것은 그분의 말씀을 묵상하여 그분의 메시지가 단지 당신의 머리 속에만 새겨지게 하는 것이 아니라 당신의 가슴 속에 새겨지게 하는 것을 의미한다

그것은 또한 당신이 메시지를 진정으로 믿는다면 어떻게 다르게 행동할 것인지 스스로에게 질문하고 당신의 의심에도 불구하고 그렇게 행동하는 것을 의미한다. 때로는 당신이 당신의 새로운 방식으로 생각하는 것보다 새로운 방식으로 행동하는 것이 더 쉽다.

7장

도움을 구할 것인가 또는
체면을 유지할 것인가?

"남성이 알아야 할 일곱 번째는
자기 폭로에 대한 두려움은 남성들이
다른 사람들과 의미 있게 관계를 갖고
도움을 구하는 것을 방해한다."

　스물여덟 살의 로버트(Robert)는 아파트에 혼자 앉아 반쯤 비어 있는 맥주잔을 들여다보며 마약과 하룻밤을 충분히 즐겼다고 생각했다. "살아봐야 뭐해?" 그는 스스로에게 물었다. "어차피 다들 널 실망시키잖아, 심지어 내 상사까지도. 나는 그를 믿을 수 있다고 생각했는데, 그는 나를 내보냈잖

아! 더 이상 의미가 없다. 나는 그냥 그만두고 싶다."

　그는 술을 다 마시고 장전된 총을 집어 머리에 갖다 댔다. 그 순간 그의 그리스도인 친구 데이브(Dave)가 그의 집 문을 두드리며 로버트(Robert)에게 교회에 함께 가자고 했다. 로버트도 동의했다. 그는 생각했다. "세상을 떠나는 길에 친구의 마지막 부탁이다."

　이 나라에서만 약 600만 명의 남성이 우울증을 앓고 있다.

　예배 후 교회 로비에서 로버트(Robert)는 그의 놀란 친구를 붙잡고 그의 무릎을 꿇었다. 흐느끼면서 그는 삶의 어떤 목적을 위해 자비와 동정을 위해 하나님께 마지막으로 필사적으로 간청했다. 다른 사람들은 재빨리 그를 둘러싸고 무릎을 꿇고 그의 떨리는 어깨에 손을 얹고 절망의 시간에 하나님께 그를 만나 달라고 기도했다. 그날 밤 로버트(Robert)는 그리스도를 구세주로 영접했다. 마침내 그는 그의 무의미한 짐에서 벗어났다.

　그 후 얼마 지나지 않아 그는 약물과 성에 대한 자가 치료를 하도록 촉발한 몇 가지 문제를 해결하기 위해 상담을 구할 수 있는 지혜(그가 말한 대로, "하나님께로부터")를 얻었다. 상담이 진행되면서 그는 신앙뿐 아니라 전반적인 정서적 건강도 성장했다.

로버트의 이야기는 멋진 결말을 맞았다. 그러나 다른 사람들은 그렇지 않다. 전 세계적으로 젊은 남성들의 자살률이 급격히 증가하는 놀라운 추세가 있다. 이 나라에서만 약 600만 명의 남성이 우울증을 앓고 있으며 실제로 보고된 사람은 이들뿐이다. 그러나 남성들은 일반적으로 자신의 증상을 인지하지 못하고 알아차려도 도움받기를 거부하기 때문에 실제 수치를 알기 어렵다.

우리는 남성들을 위한 위험 요소들에 대해 언급해 왔다, 그것은 다음을 포함한다.

- 이혼
- 죽음
- 실업

- 퇴직
- 마약 및 알콜
- 만성 질환
- 의미 있는 우정의 결핍

우리는 이러한 요소에 다른 사람의 복지에 대한 책임을 지고 자살 수단에 편리하게 접근할 수 있는 의약(특히 정신과)과 같은 모든 직업에 종사하는 문제를 추가할 수 있다.

남성들은 자기 노출보다 혼자 있는 것을 더 좋아하는 경향이 있다. 자기 공개란 감정, 두려움, 꿈, 실패, 성공 등 자신의 생각을 다른 사람에게 드러내는 과정이다. 남성들은 자기 노출이 취약하다고 느끼기 때문에 자기 공개를 싫어한다. 그들은 다른 사람들에게 어리석거나 과민하게 보이지 않기 위해 무엇이든 할 것이다. 그들의 영혼을 드러내는 것은 금욕적으로 모든 것을 유지하는 것보다 매력적인 대안이 아니다.

아이러니하게도 당신은 이미 비언어적 행동을 통해 자신의 감정을 전달하고 있다. 당신 주위의 모든 사람들은 당신이 뭔가 잘못되었다는 것을 알게 될 것이다.

- 성질이 급하고,
- 더 자주 술에 취하게 되고,
- 문을 쾅 닫고 벽에 구멍을 내기 시작하거나,
- 사회적 상호작용에서 철저히 손을 뗀다.

당신은 말을 쓰지 않을지 모르지만, 여전히 우울증을 분명히 드러내고 있다.

실제로, 당신을 돌보고 당신을 돕도록 훈련받은 사람과 우울증에 대해 이야기하는 것이 훨씬 더 유용할 것이다. 슬프게도, 우울증을 앓고 있는 남성들의 대다수는 어떤 종류의 도움도 구하지 않는다. 사실, 아프리카계 미국인 남성의 90퍼센트 이상이 그러한 치료를 받지 않는다.

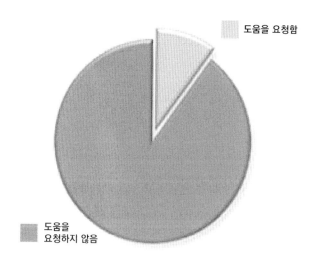

아프리카계 미국인 남성들

도움을 요청함

도움을
요청하지 않음

잘못 배치된 우선 순위

약해 보이는 것에 대한 남성의 두려움은 종종 자신의 고통
에 대해 무언가를 하려는 욕구보다 더 크다. 불행히도, 그들
의 결혼 생활에서 그들의 부인은 배우자의 필요에 대한 무관
심으로 나타난다. 나는 많은 아내들이 우울한 남편에게 사랑
받지 못한다고 느낀다고 말해 왔다. 그러나 그들이 남편에
게 직접 이야기한다면(일부는 그렇게 한다), 남편의 우울증

은 더욱 깊어져 한 번 더 실패하게 된다.

남성들이 처음 나를 만나러 올 때, 특히 아내와 함께 있을 때 그들은 경계하며 상황을 살피며 종종 판단을 받으리라는 예상을 한다. 그들은 자신의 곤경에 대한 탓만하지 않을 것이라는 확신이 필요하다. 그제서야 그들은 치료의 과제에 안주하고 마음을 열기 시작한다. 적절성 문제는 거의 항상 존재하며 표면 바로 아래에 있다.

우울증을 인식하는데 방해가 되는 4가지 장벽

당신은 우울한 사람들이 슬프고 절망적이기 때문에, 자신과 다른 사람들에게서 발견되기 쉬울 것이라고 생각할지도 모른다. 하지만 종종 다른 조건들이 겹치면서, 그것은 말쳐

럼 쉽지 않다. 우울증을 인식하는 데에는 몇 가지 장벽이 있을 수 있다.

장벽 #1: 신체적 합병증의 문제

우울증은 신체적 질병과 여러 가지 증상을 공유한다.

- 피로
- 식욕부진
- 성적 흥미의 상실
- 수면 장애
- 아픔과 고통

이런 증상들은 남성들이 낮은 등급의 바이러스에 걸렸다는 것을 암시할 수 있다. 그들의 낙담과 불안은 신체적 질병에 기인한다. 그들은 두려워하고 심각한 질병에 걸려있다. 이런 우울한 사람들은 의학적 조언을 구하는 쪽을 택할 수도 있지만, 그들은 그것이 스스로 해결되기를 바라는 마음으로 기다리기로 결정하는 경우가 더 많다. 불편함이 무한정 계속

되면 마침내 의사를 찾아가 자신이 신체적으로 아픈 것이 아니라 우울하다는 사실을 알고 놀랄 수 있다.

그럼에도 불구하고, 그들은 의학적 문제가 없기 때문에 즉각적인 조치를 취할 필요가 없다고 생각하면서 심리적 서비스를 포기하기로 결정할 수 있다. 물론, 여기서 말을 하는 것은 이성의 목소리가 아니라 그들의 두려움이다. 그럼에도 불구하고, 치료 전문가를 최후의 수단으로 생각하는 것은 그들에게 안도감을 준다.

장벽 #2: 성격 약점 가정

누군가가 우울증이 성격의 약점을 나타낸다고 믿는다면 우울증을 있는 그대로 인식하기가 훨씬 더 어렵다. 우울하거나 정서적 장애를 겪을 수 있다는 생각에 위협을 느끼면 거부에 빠질 가능성이 더 크다. 당신은 단순히 당신이 대처할 수 없다는 것을 스스로 인정하고 싶지 않을 뿐이다.

보통, 그 반응은 어떤 도움도 필요하지 않고 대신 자신의 문제에 대해 모든 사람이나 다른 모든 것을 비난하는 누군가의 강인한 사람의 허울을 만드는 것이다. 기본적으로 다음 두 가지 선택이 있다.

1. 상황이 저절로 호전되기를 바라며 버텨본다.
2. 패배를 인정하고 완전히 포기한다.

두 가지 선택사항 모두 치료를 당신의 문에서 밀어젖힐 공산이 있다. 먼저 자신과 다른 사람에 대한 투명성이 이러한 함정에서 벗어나는 열쇠임을 기억하라.

우울증을 인정하고, 문제에 직면하고, 스스로를 나약한 존재로 여기는 것을 멈추고, 정신 건강에 대한 발판을 되찾기 위해서는 힘이 필요하다. 모든 문제를 적절하게 정리하려면 상담이 필요할 수 있지만 그 단계에도 용기가 필요하다. 진정한 정서적 성장을 추구하는 용기를 가져라.

장벽 #3: 문제를 지나치게 영적인 의미로 생각

당신이 영적 고정 관념에 동의할 때(6장 참조), 당신이 정서적 투쟁을 영적 결핍으로 보는 것이 거의 확실하다. 그러나 감정 상태 자체는 항상 도덕적으로 중립적이라는 것을 기억하라. 당신이 이것을 이해하지 못하면, 당신은 당신이 무시한 (또는 적어도 지금까지 견뎌낸) 문제에 대해 경고하는 메시지를 거부하기 때문에 결국에는 엉뚱한 사람에게 화풀이(우울증)를 할 것이다.

이것이 정서적 투쟁에서 영적 요소를 최소화한다고 생각한다면, 우울증이 가리키는 문제는 영적 문제와 관련이 있을 수 있다. 영적인 행보가 문제가 아닌 욥(Job)처럼, 하나님은 그분이 누구시며 당신의 삶에서 그분이 실제로 무엇을 하실 수 있는지에 대한 당신의 개념을 확대하기를 원하실 것이다. 그러나 그 개념이 바뀌기 전에 먼저 해결되지 않은 정서적 문제를 처리해야 할 수도 있다.

우울증이 부끄럽고 영적 결핍을 드러내는 것이라고 잘못 생각하면 다른 신자들에게 자신의 불행을 숨기게 될 것이다.

불행히도 그렇게 하면 치유를 위한 노력에 필요한 지원을 받지 못하게 된다. 설상가상으로 자신에게 도움이 될 수 있는 상담을 거부하기도 한다.

장벽 #4: 상담의 재정적 비용

설문 조사에 따르면 상담 비용에 대한 걱정이 특히 남성들 사이에서 치료를 추구하는 데 방해가 되었다고 한다. 우울증에 걸린 한 목회자는 "성경은 나의 치료사이며 시간당 100달러를 요구하지 않는다."고 말했다. 물론 정신적 고통이 너무 심해 자살을 심각하게 고려했을 때 그는 전문가의 도움을 구했다. 치료를 받고 그 가치를 경험한 후 그의 태도가 바뀌었다.

비용이 때때로 방해 요인이 될 수 있지만 남성들은 이를 치료를 피하기 위한 근거로 사용할 것이다. 이제 많은 보험 제도가 심리 상담 서비스를 포함하고 일부 치료 제도는 지불능력에 따라 장기간에 걸쳐 일부 치료 제도를 이용할 수 있기 때문에 이러한 추론은 무게를 잃는다. 비용관리가 불가능하다는 같은 사람 중 일부는 아이폰, 아이패드, 평면 고화질 텔레비전, 새 자동차 등을 동시에 구입하고 있다. 그들은 자신들의 물질적 소유물들이 그렇더라도 자신도 모르게 비용을 들일 가치가 없다고 스스로에게 말하고 있다. 당신이 자신을 어떻게 대하느냐가 자신을 진정으로 생각하는 방식을 결정한다는 것을 기억하라.

부부 줄다리기

남성들이 치료를 기피하는 또 다른 이유는 아내의 상담 요구에 굴복하고 싶지 않기 때문이다. 패자의 괴로움은 필연적으로 승자의 승리를 파괴하기 때문에 이것은 권력 게임이자 패자 싸움이다. 윈-윈 포지션은 더 행복한 결과를 가져올 가능성이 훨씬 더 높다. 게다가, 그들은 남편의 우울증을 공유하는 여정으로 이끈다. 이는 치료 성공의 열쇠이다.

때때로 아내가 남편에게 치료 또는 이혼이라는 최후통첩을 제시할 때, 남성들은 마지못해 상담 활동에 참여하지만 어떤 종류의 변화에도 수동적으로 거부함으로써 상담 활동을 방해할 수 있다. 그는 육으로는 존재하지만 영으로는 존재하지 않는다.

이 전략으로는 진짜 좋은 결과를 얻을 수 없다. 그렇기 때문에 관계의 힘겨루기는 목표를 거의 달성하지 못한다. 이러한 분열적인 책략은 파트너의 우울증이 결혼 생활로 확산되어 상호 확실한 파탄을 초래할 것임을 보장할 뿐이다.

우울증과 세속 문화

한 연구에 따르면 우울증 진단을 받은 사람들의 수는 매년 약 20%의 성장률로 꾸준히 증가하고 있다. 이것이 더 엄격한 진단 절차 때문인지, 더 많은 대중 인식 때문인지, 아니면 단순히 우울증 발병률이 높기 때문인지 말하기는 어렵다. 그러나 우리는 이러한 증가가 일반적으로 세속적이고 물질주의적인 문화의 부상에 수반되는 무의미함과 목적 부족의 증가와 상관관계가 있다는 것을 알고 있다.

세속적이고 물질주의적인 문화에서 사람의 영성은 중요하

지 않은 것으로 여겨져 하나님의 형상을 축소시킨다. 우리의 존재 이유에 대한 우리의 이해는 서서히 사라진다. 그리고 그것과 함께 우리의 안정감과 낙관주의도 마찬가지이다.

우울증이 당신의 삶을 지배한다면, 다른 사람들이 당신의 현실을 얼마나 분명히 밝히는지 생각해 보라. 도움을 받거나 자신의 감정에 대해 이야기하는 것을 남자답지 않게 생각하는 것은 생각 속에 있는 문화적 고정관념을 드러낸다. 하나님은 우리에게 안전지대에서 벗어나려는 인간으로서의 의지를 나타내는 대안을 용기 있게 시도하라고 부르신다.

성경은 제자들이 예수님께 기도하는 방법을 물었을 때, 그분은 무엇보다도 그들이 단지 하나님께 간구할 뿐 아니라,

- 해결책을 찾기 위해서(다른 선택사항들을 찾기 위해서) 그리고

- 문을 두드리기 위해서(실제로 그러한 선택사항들을 실험하기 위해서) 문을 두드리는 것이라고 말씀한다.

우주의 하나님은 그들을 그분 자신과의 협력 관계로 초대하셨다. 그들의 적극적인 참여를 요구하시는 확고한 협력 관계였다. 놀랍지 않은가? 그들과 우리는 사랑이 많으신 아버지의 양육을 받은 하나님의 자녀들이다. 끊임없이 놀라움을 주는 이 점은 탕자 비유의 요점이었다(눅 15:11-32).

> "구하라 그리하면 너희에게 주실 것이요 찾으라 그리하면 찾아낼 것이요 문을 두드리라 그리하면 너희에게 열릴 것이다."
>
> –마 7:7

마태복음 7장 7절에서 우리는 아버지께서 우리에게 가장 유익한 문을 열어 주실 것이지만 우리가 먼저 문고리를 돌려야 한다는 약속을 읽는다. 다른 사람에게 손을 뻗는다는 것은 하나님께 손을 뻗는 것과 같이 관계의 유대를 강화하는 길을 가는 것을 의미한다. 이것은 남성들이 거의 사용하지 않는 길이지만 이보다 더 남성적일 수 없는 수준의 자기주장이 필요한 길이다.

금단 현상의 수동성, 다른 사람에 대한 공격성, 적극성의 차이점을 비교하라.

금단현상의수동성	당신 자신에 대한 무례함을 드러낸다.	당신은 후퇴한다.	당신은 약점을 보여준다.
공격성	다른 사람에 대한 무례함을 보여준다.	당신은 반항한다.	당신은 방어적인 태도를 보여준다.
적극성	자신과 타인에 대한 존중을 나타낸다.	당신은 섬긴다.	당신은 자신감과 겸손을 보여준다.

존중과 자신감은 용기의 초석이며 개방적이고 직접적이며 적절한 의사소통의 기초이다. 당신이 적극적 일때, 당신은 일이 일어나기를 바라는 대신에 일이 일어나게 만든다.

존중과 자신감은 용기의 초석이다.

많은 우울한 남성에게 이것은 처음에는 압도적으로 보일 수 있다. 신뢰 관계는 빠르게 또는 자발적으로 발생하지 않는다. 그럼에도 불구하고 그것들은 당신을 마비시키고 당신

의 세상을 어둡고 불길한 곳으로 만드는 상처를 치유하기 위
한 중요한 단계이다.

4부

소망의 치료와 신학

8장

변화에 대한 내러티브* 바꾸기

"남성이 알아야 할 여덟 번째는
개인의 성장에 대처하고 선입견에
의문을 제기하려면 용기가 필요하다."

 우리의 회합이 끝나자, 숀(Shawn)이 말했다. "이 모든 과
정은 내가 생각했던 것보다 훨씬 더 좋았어요. 내가 모든 조
건을 충족한다면 아내와 친구들이 상담에 대해 따라 다니며
괴롭히지 않을 것이라고 생각했어요 난 그것이 정말 아무 소
용이 없을 것이라고 생각했어요. 나는 약에 대해서도 같은
생각을 했어요. 그러나 나는 두 가지 면에서 모두 틀렸어요.

---

* 내러티브 변화는 행동이나 결과로 인해 스토리가 근본적으로 바뀌는 경우를 말한다-역주

나는 내가 얼마나 우울했는지, 그것이 무엇을 의미하는지조차 깨닫지 못했어요. 솔직히 말해서, 나는 그것에 대해 아무것도 할 수 없다고 생각했어요. 물론, 그 중 어느 것도 사실이 아니어서 다행이어요!"

이것은 자신의 변화에 만족하는 한 남자의 진심 어린 감정적인 생각이었다. 그는 자신의 잘못된 생각 때문에 오랫동안 도움을 받지 못했다는 것을 깨달았다. 그는 자신의 우울증에 목적이 있다는 것을 알고 안도했다. 그리고 오랜 문제를 해결함으로써 그는 결코 가능하다고 생각하지 않았던 자유를 경험했다.

그는 또한 우울증이 재발하면 그에게 주의가 필요하다는 것을 말하고 있다는 것을 알았다. 통제할 수 없는 삶에 대한 그의 전망은 사라졌다. 대신 그는 문제 중심보다 해결책 중심의 적극적인 생활 방식을 맞이했다.

이 의뢰인의 증언에서 알 수 있듯 당신이 일을 하면 변화가 가능하다. 우울증은 문제가 해결되면 저절로 꺼지는 경보 신호이다. 인내와 인내심이 필요하지만 우울증이 해결해야 하는 문제를 해결하면 더 나은 날이 올 것이다.

차이를 만드는 단계

이 과정은 하룻밤 사이에 이루어지지 않지만 다음과 같은 단계를 수행할 수 있다.

1. 당신의 우울증이 과거에 당신에게 상처를 준 상호 작용을 살펴보라고 말하고 있으며, 당신이 다른 일을 하지 않는 한 계속 상처를 줄 것임을 인식하라.

2. 혹시 가능하다면 기독교 전문 상담자와 함께 이러한 문제를 파헤쳐 보라. 과거의 상호 작용으로 인한 고통을 이겨내려면 용기가 필요하다. 하지만 그것이 당신을 지배한 힘을 지우는 유일한 방법이다.

3. 문제 중심보다 해결책 중심의 새로운 생활 전략을 개발하라. 이것은 도전적이고 자유로운 개인 변화 작업을 실험하는 것을 의미한다.

마음과 정신을 치유하기 위한 기초를 탐구할 때 이러한 원리를 염두에 두라. 하나님은 우리가 삶의 시련에 압도될 수 있고, 그 시련이 우리를 얼마나 손상시켰는지 살펴보심으로서 알고 계신다는 것을 기억하라. 욥(Job)과 모세(Moses)에게 하셨듯이 그분은 우리의 절망과 그분에 대한 격한 비난까지도 이해하신다. 그분은 이러한 반응이 깊은 상처에서 비롯된다는 것을 알고 계신다.

감사하게도, 우리는 질문을 받으시면 방어적으로 변하는 감정적으로 연약한 하나님을 섬기지 않는다. 오히려 그분은 우리에게 가장 필요할 때 참을성과 인내를 제공하는 지혜를 아낌없이 주신다.

기쁨이 들어갈 공간을 어떻게 만들까

야고보서 1장 2절에 우리는 "내 형제들아 너희가 여러 가지 시험을 당하거든 온전히 기쁘게 여기라"고 말씀을 한다.

- 그것이 무엇을 의미할 수 있는가?

- 우리가 피학대 음란증 환자가 되어야 하는가?

- 우리가 사업이 실패하거나 일이 종료될 때 우리는 환호해야 하는가?

- 우리는 결혼 생활의 파탄을 축하해야 하는가, 누군가가 우리를 고소할 때 하이 파이브해야 하는가, 아니면 집이 압류당했을 때 샴페인을 터트려야 하는가?

물론 아니다.

투쟁 속에서 기쁨을 갖는다는 것은 하나님께서 우리 안에서 일하시고 더 나은 것을 만드신다는 것을 우리가 믿는다는 것을 의미한다. 그러나 아무도 당신이 우울증과 싸우고 있는 것이 행복해야 한다고 말하지 않을 것이다.

기쁨은 야고보에 의하면 상황에 관계없이 하나님의 목적에 대한 지속적인 초자연적 기쁨으로 정의된다.

행복은 유쾌한 상황의 잠깐 동안의 감정이다. 예를 들어, 당신이 좋아하는 축구팀이 게임에서 이기거나 후보자가 선거에서 이기면 당신은 행복하다. 그러나 야고보는 상황에 관계없이 하나님의 목적에 대한 지속적인 초자연적 기쁨으로 기쁨을 정의한다.

슬픔 속에서 기쁨을 찾기

네덜란드 태생의 시계 제작자이자 기독교인인 코리 텐 붐(Corrie ten Boom)은 유대인들이 홀로코스트(Holocaust: 1930-40년대 나치에 의한 유대인 대학살-역주)에서 탈출하도록 도운 혐의로 나치에 의해 투옥되었다. 그녀와 그녀의 여동생은 하나님의 선하심에 대한 완고한 낙관으로 라벤스브뤼크(Ravensbrück)에 있는 나치 수용소에서 봉사한 동료 포로들을 완전히 당황하게 만들었다.

코리(Corrie)는 "당신이 세상을 보면 괴로워할 것이고. 내면을 들여다보면 우울해질 것이고, 하나님을 바라보면 쉼이 있을 것이다."라고 말했다. 실제로 그녀는 이렇게 잔인한 환경에서 평화를 누릴 수 있는 유일한 방법은 하나님의 의(義)를 충분히 찾는 것이라고 말하고 있었다. 그들에게 남은 것은 하나님의 보살핌과 긍휼뿐이었지만, 이 두 자매에게는 그것으로 충분했다.

끝까지 버티기

야고보는 하나님께 조건을 바꿔 달라고 간구하지 않고 "인내가 그 일을 마치게 하라"(야고보서 1:4)는 기도를 하라고 급진적인 제안을 한다. 다시 말해서, 하나님이 당신 안에서 그분의 일을 마칠 때까지 그 과정을 계속할 수 있는 정서적인 힘을 주시도록 하나님께 간구하라는 것이다.

그런 종류의 기도는, 최소한 직관에 반하는 것이다. 실제로 그렇게 기도하는 사람은 거의 없다. 대부분은 그들의 고통이 너무 커서 안도를 위한 기도 외에는 아무것도 생각할 수 없다. 그러나 여기 야고보는 어떤 종류의 기쁨은 여전히 고통에서 올 수 있다고 제안하고 있다.

시련과 환난에 대처하기

그러한 기도는 구약의 시련과 환난과 동의어인 욥에게 생소했을 것이다. 그의 참담한 상황 때문에 우리는 그의 인내와 불굴의 의지에 더욱 감동을 받는다(약 5:11). 그러나 욥의 행동은 실제로 어떠했는가?

그는 죽기를 바랐다.	욥 3:1
그는 자신의 절망감과 피해자의 사고방식에 대해 길게 말했다.	욥 6:11-13
그는 자신의 근심과 불행을 초래한 것에 대해 하나님을 원망했다.	욥 6:2-4
그는 불면증으로 괴로워했다.	욥 7:2-6
그는 자신의 거짓 죄책에 대해 말했다.	욥 9:20
그는 악인의 계략에 미소를 지으시면서 하나님이 자신을 압제하기를 기뻐하신다고 비난하면서 분노를 터뜨렸다.	욥 10:1-3
그는 자신의 증가하는 편집증과 고통스러운 외로움을 묘사했다.	욥 19:14, 19
그는 불공평에 대한 감정을 구체화시키며, "내가 왜 조급하지 아니 하겠느냐?"라고 울부짖었다.	욥 21:4

욥의 진심을 알면 시련이 닥쳤을 때 그가 영웅이라기보다는 당신과 나에 더 가깝다는 것을 알게 된다. 당신은 야고보가 욥이 그의 인내로 인해 영예를 받았다고 기록하게 된 동기가 무엇인지 물을 수 있다. 그 답은 욥의 친구들에 대한 욥의 응답과 대조적으로 욥의 불평에 대한 하나님의 응답에서 찾을 수 있다.

첫째, 우리는 폐쇄적이고 취약성을 피하려는 인간의 경향과 달리 하나님께서 욥에게 응답하셨을 때 실제로 하나님 자신을 열어 놓으셨다는 점에 유의해야 한다. 하나님은 욥에게 그분의 위엄과 주권에 대한 확대된 견해를 제시하셨다. 육체적으로나 물질적으로 회복되기 전에도 욥은 이것을 하나님과의 관계에서 특별한 순간으로 이해했다.

"무지한 말로 이치를 가리는 자가 누구니이까 나는 깨닫지도 못한 일을 말하였고 스스로 알 수도 없고 헤아리기도 어려운 일을 말하였나이다."

–욥 42:3

하나님이 욥의 친구 중 하나인 데만 사람 엘리바스를 돌이

켜 이르시되

"여호와께서 욥에게 이 말씀을 하신 후에 여호와께서 데만
사람 엘리바스에게 이르시되 내가 너와 네 두 친구에게 노
하나니 이는 너희가 나를 가리켜 말한 것이 내 종 욥의 말같
이 옳지 못함이니라"

-욥 42:7

욥이 곤경에 처했을 때의 감정적 반응은 우리의 모습과 비
슷했다. 이 중요한 순간에 하나님은 욥의 도덕적, 지적 정직
성을 높이 평가하셨다. 그에 반해 그의 친구들은 그와 율법
주의적인 대결을 펼쳤고, 사실이 아닌 하나님의 모습을 보
여 주었다.

성경은 우리의 문제를 공개적으로 인정하고 다른 관점을
기꺼이 받아들이는 것이 개인적인 변화를 위해 필요하다고
말한다. 그것은 우리의 생각과 행동이 현실에서 벗어난 이유
를 자세히 살펴보고 인식된 현상에 도전하는 것을 의미한다.

도전에 대한 선입견

치료 용어로 불안과 우울증의 기원을 식별하는 한 가지 방법은 ABC 분석 모델을 사용하는 것이다. ABC 모델은 삶의 사건에 반응하는 방식의 차이를 조사하기 위해 준비하는 것이다. 약식으로 보면 다음과 같다.

- A = 감정적으로 중요한 반응을 유발하는(원인이 아닌) 모든 경험적 사건인 선행 사건

- B = 감정적으로 중요한 반응을 유발하는 선행 사건에 대한 당신의 믿음

- C = 선행사건 사건에 대한 특정 신념의 결과로 발생한 감정적 반응

예를 들어, 당신이 매우 원했던 직업에 대한 최종 면접에 갔지만 채용에 실패했다고 가정해 보자. 내가 나중에 길에서 당신을 만나면 당신은 화가 나고, 답답하고, 많이 우울해진다. 내가 왜 그렇게 우울하냐고 묻는다면 당신은 면접과 실

직 사실에 대해 나에게 말할 것이다. 그러나 나는 그것이 당신이 우울한 진짜 이유가 아니라고 대답할 것이다. 물론 당신은 실직이 이유라고 주장함으로써 나의 반응에 강력하게 항의할 것이다. 분명히, 당신이 직업을 얻었다면, 당신은 행복했을 것이다.

이 대화를 살펴보자.

- 직업을 얻지 못하는 것은 선행 사건(A)이다.

- 당신이 경험한 좌절과 우울이라는 감정적 결과(C)는 당신이 A때문에 생긴 것이라고 잘못 가정했다.

- 그러나 C는 선행 사건에 대한 믿음(B) 때문이었다.

당신은 직업을 얻지 못했기 때문에 큰 성공의 기회에 대한 한 번의 기회를 잃었다고 스스로에게 말했을 것이다. 결과적으로 원하는 직업을 얻지 못하고 평생 햄버거를 먹게 될 것이다. 당신이 그것을 믿는다면, 당신은 당연히 우울할 것이다.

하지만 당신이 스스로에게 이렇게 말했다면 어땠을까?

◉ 실직은 실망스러웠지만 나는 최종 면접까지 갔으니 내가 꽤 잘했다는 뜻이다.

◉ 다른 좋은 직업도 있으니 내가 그냥 좇아가다 보면 언젠가는 그중 하나를 얻게되리라는 걸 안다.

당신은 당연히 실망했을지 모르지만, 우울증에 빠지기보다는 당신은 다시 나가서 일자리를 찾기로 결심했을 것이다.

당신이 스스로에게 말하는 것(당신의 신념, B)은 감정적 결과(C)의 기초가 되는 것이지, 어느 이야기에서나 동일했던 선행 사건(A)이 아니다. 이것이 같은 사건에 대해 사람들이 다르게 반응하는 이유이다. 그것은 또한 인생의 좌절을 개선하기로 결정하는 대신 좌절에 대해 우울한 이유 중 하나일 수 있다.

내면의 혼잣말의 진퇴양난

종종 우리는 다음과 같은 문구로 내면 혼잣말을 가미하여 나쁜 상황을 더 악화시킨다.

- 나는 해야 한다.
- 나는 꼭 그래야만 한다.
- 나는 그것을 참을 수 없다.
- 그것은 끔찍하다/소름 끼친다.
- 나는 하는 것이 좋겠다.

이런 종류의 말은 우리의 혼잣말을 크게(그리고 불필요하게) 감정적으로 표현한다. 그러한 말은 생존에 필요한 것을 차단하여 어떤 식으로든 방해를 받는 진정한 필요에만 관련되어 때문에 필요 언어라고 한다. 생존이 정말로 위태로울 때 우리는 대개 당황한다. 거의 우리는 평화롭지 못하다. 삶에는 음식, 공기, 피난처와 같은 실제적인 필요가 없는 것은 거의 없다. 대부분의 다른 모든 것은 취향이다.

당신이 주어진 상황에서 일어나는 일이 마음에 들지 않는다고 말하는 것(선호하는 언어)은 당신이 그것(필요한 언어)은 당신이 참을 수 없다고 말하는 것과는 다르다. 당신이 무언가가 있어야 하거나 특정 시간에 어딘가에 있어야 한다거나, 교통 체증에 자동차에 앉아 있는 것이 끔찍하거나, 누군가에 의해서 지체(肢體)가 자유롭지 못한 것은 끔찍하다고 스스로에게 말하는 것은 분명히 거짓말이다. 불쾌한 일이 될 수도 있고, 재앙이 될수도 있고 거의 아닐 수도 있다.

다음에 무언가에 대해 화가 나기 시작하면 생존이 위태로운지 스스로에게 물어보라. 그렇지 않은 경우(거의 항상 그렇다), 왜 필요 언어를 사용하는지 물어보라.

당신이 주어진 상황이 마음에 들지 않는다고 말하는 것은 거리가 멀다. 당신이 그것을 견딜 수 없다고 말하는 것과는 많이 다르다.

거기서 "불편할 수도 있지만 세상이 끝난 것은 아니다"와 같은 선호 언어를 사용하는 것으로 바꿀 수 있다.

흔한 짜증과 좌절로 인해 당신 자신을 감정적 혼란으로 몰

아넣기에 인생은 너무 짧다. 사도 바울(Apostle Paul)은 이 원리를 발견했다. 사역 초기에 그는 격렬했고 사건에 자주 화를 냈다. 그는 바나바(Barnabas)와 사이가 좋지 않았고, 마가(Mark)가 사역 도중에 하차하여 집으로 돌아간 것을 원망했고, 예루살렘 교회의 일부 사람들과도 크게 달랐다. 그러나 나중에 그는 여전히 강한 신념을 가진 사람이었지만 관계에서 더 부드러워졌다.

빌립보 사람들에게 보낸 편지에서 그는 불안의 문제를 구체적으로 언급하면서 "자족하기를 **배웠다**"(빌 4:11)고 말했다. 그는 다른 사람들에게 무엇이든지 참되고 옳은 것에 생각의 중심을 두도록 가르쳤다(빌 4:8). 그는 진리가 당신을 불안과 우울에서 자유롭게 한다는 것을 잘 알고 있었다(빌 4:6-7).

고린도 사람들에게 보낸 두 번째 편지에서 그는 이렇게 설명했다. "우리가 사방으로 욱여쌈을 당하여도 싸이지 아니하며 답답한 일을 당하여도 *낙심하지 아니하며 박해를 받아도 버린 바 되지 아니하며 거꾸러뜨림을 당하여도 망하지 아니하였다.*"(고후 4:8-9) 기울임 꼴 단어에는 모두 언어 용어가 필요하다. 바울은 하나님의 말씀을 타협하지 않는 한 자신에게 닥친 일을 받아들였기 때문에 만족하는 법을 배웠다고 말한다.

이것이 성경이 말하는 정직함이다. 확실히, 그것은 바울이 모든 지각을 초월하는 것으로 묘사한 평화에 기여했다(빌 4:7). 즉, 상황의 어려움과 단호하게 반대되는 평화이다.

당신은 목적의 전략을 가지고 정신 건강으로 돌아가는 이 길을 수행할 수 있다.

- 우울증의 본질과 당신의 주의가 필요한 문제를 발견하는 데 그 유용성을 이해함으로써 당신은 더 나은 삶을 방해하는 오랜 습관을 바꿀 수 있다.

- 어떤 믿음이 현실을 왜곡하고 있는지, 그 믿음이 어디에서 왔으며, 그로 인해 현재의 사건을 자신에게 설명하는 데 사용하는 언어를 인식하면 당신은 당신의 세계를 변화시킬 수 있는 길을 잘 가게 될 것이다.

당신의 과거가 당신의 현재를 결정할 필요는 없는 것과 마찬가지로 당신의 잘못된 생각의 이야기가 당신의 미래를 결정해서는 안된다. 하나님의 종 바울은 그 원칙을 이해하게 되었으며, 당신도 그렇게 할 수 있다.

기억해야 할 8가지

다시 한 번, 당신이 치유를 시작할 때 당신이 알아야 할 8가지 중요한 것들을 요약하면 유용할 것이다.

1 – 우울증은 사실은 당신의 동맹이다. 그것은 문제에 대해 당신에게 경고하기 위해 고안된 감정 경보 장치라는 것을 기억하라.

2 – 우울증은 다양한 유형으로 인해 식별하기 어려울 수 있다. 우울증의 성별 차이를 이해하면 남성들과 여성들 사이의 격차를 해소하고 우울증에 어떻게 다르게 반응하는지 알 수 있다.

3 – 남성들은 종종 우울한 감정을 분노나 금욕주의로 위장하여 스스로를 더욱 고립시킨다. 화가 났을 때 충동적으로 행동하기보다 다른 사람들을 제외시키지 않고 자신의 감정을 솔직하게 전달할 수 있는 방식으로 대응하라.

4 – 많은 남성들이 무력한 의학적 상태에 직면했을 때 우

울해진다. 포기하지 말고 당신의 새로운 한계를 가지고 당신이 무엇을 할 수 있는지 알아 보라.

5 – 일부 처방 약물에는 우울증을 포함한 부작용이 있다. 우울한 감정이 당신을 혼란스럽게 한다면 당신의 의사와 상담하라.

6 – 하나님에 대한 왜곡된 이해는 당신의 감정적 복지에 독이 된다. 우울하고 경건한 종들에 대한 성경 기록과 하나님께서 그들을 어떻게 돌보셨는지 읽어 보라.

7 – 자기 폭로가 많은 남성에게 위협적이지만 우울증을 인식하는 것이 회복의 첫 번째 단계이다. 삶을 부정하며 살지 않기로 결심하고 완전한 해방을 위해 필요한 다른 조치를 취하라.

8 – 당신의 잘못된 선입견을 주의 깊게 살펴보고 반박하라. 가능하다면 전문가와 상의하라. 이것은 마침내 당신의 삶을 방해한 생각과 행동을 멈추게 하는 데 도움이 될 수 있다.

이 여덟 가지는 좋은 경험이든 나쁜 경험이든 모든 경험이 미래를 위한 준비라는 전제에 기반을 두고 있다. 다가올 세월에 대한 막연한 기대에 안주할 필요가 없고, 오히려 지금 여기에서 변화를 만들기 시작하면서 시작할 수 있다.

그리고 한 가지 더

당신의 우울증에 대해 전문적인 도움을 받는 것을 두려워하지 말라.

일대기

　게리 H. 러브조이, 문학석사, 기독교 교육학 석사, 철학 박사는 마운트 후드 커뮤니티 칼리지(Mt. Hood Community College)에서 심리학 교수이자 종교학 교수로 32년간 재직했으며 38년 넘게 전문 상담 분야에서 개인 실습을 해왔다. 그는 오리건주 포틀랜드(Portland, Oregon) 있는 밸리뷰 상담 서비스(Valley View Counseling Services), LLC의 설립자이자 현재 수석 치료사이다.

　러브조이 박사는 미국 국제대학(International University)에서 심리학 박사학위를 취득한 것 외에도 풀러 신학대학(Fuller Theological Seminary)에서 종교 교육 석사학위를 받았다. 그는 심리학, 세계 종교, 구약성경, 신약성경의 과정을 가르쳤다.

　그의 수년간의 상담 경력에는 목회자들과 사역지도자들을 돕는 것이 포함되어 있다. 그는 또한 우울증, 불안, 갈등 해결, 결혼 문제 및 기타 많은 문제를 다루는 개인, 부부 및 가족을 상담한다. 그는 많은 가족 캠프, 부부의 휴양지, 대학 컨

퍼런스에서 연사로 활동했다.

　러브조이 박사는 복음주의 기독교인이며 현재 오리건 주 웨스트 린에 있는 애티 크릭 기독교 단체(Athey Creek Christian Fellowship)의 회원이다. 그는 아내 수(Sue)와 함께 오리건 주 해피 밸리에 살고 있으며 결혼한 성인 자녀 2명과 손주 4명을 두고 있다.